한눈에 읽는 외식창업 성공이야기 [시리즈 13]

힐링·감성·복고 담은
호프·맥주 전문점

김병욱 지음

 킴스정보전략연구소

김 병 욱 소장

킴스정보전략연구소 소장인 김병욱 박사는 소상공인 창업 지원 연구, 개발, 평가, 심사, 위원으로 활동하고 있으며, 삼성그룹사가 작사와 1등을 뛰어넘는 2등 전략과 창업 틈새 전략 외 150여 권의 저서를 발표한 바 있다.

그 밖에 방송·산업체 강의, 평가 등의 활동과 동시 월스트리트저널에 의해 21세기 아시아 차세대 리더에 선임된 바 있는 정보전략가임과 동시 경영컨설턴트이다.

Contents

Contents

Contents

I

호프 · 스몰비어 전문점 브랜드

1. 정통호프와 스몰비어

1) 정통호프와의 만남

넓은 매장 안에 가득한 치킨 튀기는 냄새. 그리고 왁자지껄한 손님들의 소리. '위하여'를 외치는 소리와 생맥주 잔이 부딪히는 모습들이 우리가 익히 알고 있는 호프집은 대게 이렇다. 이런 한국식 호프는 전국 대학가와 상점들이 몰려있는 대규모 상권마다 자리 잡고 있다. 하지만 전체적인 소비심리가 얼어붙고, 직장인들의 주머니가 날로 얇아지는 시대에서는 호프집도 다른 외식 전문점과 마찬가지로 힘들게 운영하는 곳이 많다.

과거 1980년대 후반과 1990년대 초반부터 맥주전문점들이 늘어났고, 치킨과 튀김 및 소면 등 한국인들이 즐겨먹던 안주와 병맥주가 인기였다. 하지만 점점 생맥주 품질이 높아지고 한국 주류업체들의 물량공세로 생맥주와 병맥주가 고르게 팔리기 시작했다. 이후 여러 가지 재밌는 마케팅요소를 도입해, 점포내에서 노래와 퀴즈 등 이벤트를 진행하는 호프 및 록카페 등이 시장에 등장하기 시작한 것이다.

이런 점포들은 대부분 대형매장을 선호했고, 단체 손님들이 즐겨

찾을 수 있는 매장으로 운영됐다. 이후 현재는 스몰비어의 강세로 주춤하는 듯 보이지만 아직까지 대부분의 고객층은 이런 대형 점포와 치킨 등 안주가 풍성한 한국식 정통호프를 선호하고 있다.

2) 저렴하지만 알차게! 스몰비어

2011년부터 등장한 스몰비어는 어김없이 주점창업의 주옥같은 존재로 여겨졌다. 치킨호프전문점들의 경쟁이 악화된 틈을 타, 부산을 기점으로 전국으로 가맹점들이 뻗어갔다. 스몰비어가 블루오션 개척이라는 평가보다는 시대 흐름을 잘 탔다는 평가를 받는 이유도 여기에서 비롯된다.

경기 불황이 계속되고, 기존 창업시장의 대안으로 성장한 것이 소자본·생계형 창업이었다. 거기다 인건비를 최소화하면서 수익률을 높일 수 있는 아이템인 주류를 판매한 점이 예비창업자들의 선택을 받은 것이다. 〈봉구비어〉가 수익을 창출하고 600개점을 순식간에 돌파하자 20여개의 브랜드가 우후죽순 생겨났다. 그렇게 생겨난 브랜드가 현재 정확하게 집계되지 않을 정도로 많아졌고, 해당 업체에서 조사한 바로는 전국 1000개가 넘는 점포에서 스몰비어형태로 영업을 하고 있다.

바야흐로 치킨과 맥주전문점에서 스몰비어로 시장의 대세가 넘어 갔다는 평가를 내릴 수 있다. 하지만 섣부른 판단은 금물이다. 스몰 비어가 펀(Fun) 요소만 강조하면서 차별화를 이루지 못해 대다수 브 랜드를 제외하고 업계 1,2위 브랜드만 살아남을 것이라는 예측도 있 다. 돌다리도 두드리며 건널 줄 아는 창업자들의 신중한 선택이 필 요한 시점이 됐다.

3) 합리적인 가격에 감성코드 담은 맥주전문점

여성을 사로잡은 부드러움 '크림 생맥주'와의 조화이다. 생맥주 일색의 맥주시장에서 '크림생맥주' 열풍이 불기 시작한 것도 주류시 장에서 여성의 입김이 세지기 시작하면서부터다. 크림 생맥주는 기 존에 걷어내고 먹었던 일반 거품이 아니라 좀 더 입자가 작은 거품 을 만들어내는 노즐을 사용해 크림처럼 부드러운 거품을 얹은 것이 다. 크림거품은 입자가 작아 탄산의 증발을 억제해 맥주의 맛과 향 이 오래 지속되는 이점도 바로 포차·주점에서 볼 수 있는 풍경이 다.

글로벌 시대의 트렌디 주류가 된 '세계맥주'는 세계맥주에 대한 소비자들의 관심이 커지면서 세계맥주를 취급하는 전문점도 늘어나고 있다. 해외여행을 다니는 젊은 층이 외국에서 즐기던 맥주를 국내에서도 즐기길 원하고, 선택의 다양성을 원하는 고객들이 늘어나고 있는 것이 소비증가의 원인이다. 최근에는 합리적인 가격경쟁력을 위해 셀프형태로 운영하는 맥주전문점이 늘고 있는 것도 바로 이같은 이유 때문이다. 특히 2000년대로 넘어오면서 '와바', '치어스' 와 같은 세계맥주전문주점이 활황을 이뤘다. 맥주하면 호프를 중심으로 한 생맥주가 전부였으나 아사히, 버드와이저, 밀러 등 세계맥주가 수입되면서 다양한 맥주의 맛을 강점으로 인기를 끌었다. 2000년대 중반에는 주점들이 다양한 변신을 시도했다. 안주는 요리라는 개념이 확산되면서 '피쉬앤그릴', '와라와라' 처럼 생맥주 주점과 레스토랑이 합쳐진 비어레스토랑, 레스토랑과 펍을 혼합한 레스펍 주점이 나타면서 맥주 전문점의 붐을 조성시킨 것이다.

2. 힐링 · 감성 · 복고 코드로 불황타개 모색

1) 크래프트 비어와 스몰비어

복고 콘셉트 싸롱이 주목받고 있다. 즉, 고객 중심의 정부 규제

강화, 불황에 다른 소비침체 등 각종 악재로 인해 가장 큰 타격을 받은 것이 바로 주점업계다. 경기가 어려워도 외식은 한다지만, 침체된 사회적 분위기로 인해 '술'은 자제하는 분위기가 이어짐에 따라 주점 업계는 그 어느 때보다 힘겨운 시기를 보내고 있다. 실물경기, 소비심리에 가장 민감한 주점업계는 각종 악재가 많아 그 어느 때보다 어려운 시기다.

특히 외식시장 전반적인 소비심리를 얼어붙게 했던 세월호 사건은 애도 분위기에 따른 주류소비 자제 분위기로 주점업계의 매출을 큰 폭으로 하락시켰다. 특히 접대와 단체 회식을 하는 직장인들의 발길 또한 뚝 끊어졌다. 사건 이후 평소 동기간 보다 매출이 20~30% 정도 줄었다.

2) 개성 있는 맥주로 불황 극복

최근 주점업계의 이슈 중 하나는 '크래프트 비어'의 열풍이다. 이태원을 중심으로 마니아들 사이에서 인기를 끌었던 크래프트 비어는 소규모 제조설비를 갖춘 양조장에서 독창적인 레시피로 만든 맥주를 말하는 것으로, 천편일률적인 맛의 양산형 맥주와 달리 독특한 레시피를 바탕으로 한 개성 있는 맛으로 소비자들의 이목을 끌고 있다. 크래프트 비어의 인기가 높아지면서 이를 즐기는 문화도 확산되고 있다. 크래프트 비어 마니아들의 대표적인 문화인 '펍크롤링(Pub Crawling)'이 바로 그것으로, 크래프트 비어 판매점인 '펍'과 순례한다는 의미의 '크롤링'이 합쳐져 '여러 펍을 순례하며 맥주를 맛보는 행위'를 뜻한다.

이처럼 주류에 대한 고객의 니즈가 점차 세분화·전문화 되고 있는 만큼 독립점포 외에 프랜차이즈 기업에서도 크래프트 맥주 열풍에 동참하고 있다.

(주)인토외식산업은 기존 브랜드인 와바를 크래프트비어와 세계맥주를 전문으로 판매하는 탭하우스(Tap House) 스타일의 〈리얼 비어 앤 크래프트 와바(Real Beer&Craft WABAR)〉로 재탄생시켜 이목을 끌고 있다. 와바는 인테리어와 일부 메뉴 변화를 꾀하는 기존의 리뉴얼과 달리 크래프트비어와 세계맥주를 주요 상품으로 생맥주 탭 10~15개가 있는 탭하우스의 모습을 갖췄다.

탭하우스 와바로 리뉴얼한 와바 서여의도점은 리브랜딩 후 전년대비 매출 35%, 영업이익이 15% 증가했다.

피쉬&그릴을 운영하는 리치푸드(주) 역시 수제맥주 시장에 새롭게 진출했다. 크래프트비어를 제공하는 〈치르비어플러스〉를 론칭, 직영사업 및 가맹사업을 확대하고 있다. 이로 인해 크래프트 맥주 시장의 저변이 더욱 확대되었으며 독특하고 개성있는 레시피로 크래프트 맥주 마니아들에게 브랜드별 골라먹는 재미를 선사할 수 있게 되었다.

3) 주점업계 불황엔 역시 '복고'

스몰비어 열풍은 더욱 진화한 형태로 이목을 끌고 있다. 3000~4000원대의 저렴한 핑거푸드와 생맥주를 제공하는 스몰비어전문점은 편안한 공간에서 가볍게 맥주를 즐기려는 고객의 감성소비를 바탕으로 새로운 음주문화로 정착했다.

스몰비어가 인기를 끌기 시작한 데는 무엇보다 달라진 음주문화가 가장 크게 작용했다. 과음보다는 가벼운 주종과 분위기를 함께 즐기려는 트렌드가 늘어나면서, 스몰비어전문점이 주목받기 시작한 것이다. 스몰비어 브랜드가 대거 론칭했으며, 후발주자들이 속속 시장진입에 나섰다. 와라와라를 운영하는 (주)에프앤디파트너 역시 스몰비어 브랜드 〈군반장〉을 론칭해 성공적으로 운영 중에 있다.

스몰비어 열풍에 이은 주점 시장의 대세는 '싸롱'이다. 싸롱은 스몰비어의 일종으로 비교적 작은 규모의 내부에 80~90년대 풍의 인테리어나 소품을 활용한 복고 콘셉트 매장이다.

싸롱의 모태가 바로 스몰비어라고 할 수 있다. 스몰비어 브랜드가 난립하면서 그 대안으로 경기침체 극복의 보증수표로 불리는 '복고' 콘셉트의 싸롱이 주목받고 있는 것이다.

스몰비어와 싸롱은 창업자의 입장에서 소자본 창업이 가능하고 운영이 비교적 쉽다는 점이 빠른 매장 확산에 영향을 끼치고 있는 것이다.

3. 맥주 상품 지식과 효자 메뉴

1) 맥주 상품 지식

우리가 흔히 편의점에서 사먹는 캔맥주와 호프집에서 먹는 생맥주의 차이를 알고 있을까? 또는 세계적으로 유명한 그 브랜드가 어떤 방식으로 만들어지고 있는가를 알고 있는지 궁금하다. 물론 모든 맥주의 제조 방식을 따져가며 먹는 소비자는 많지 않다.

(1) 하면발효 맥주

세계 맥주 생산량의 70%를 차지하며, 발효 중 밑으로 가라앉게 되는 효모를 사용하여 저온에서 발효시킨 맥주이다.

① Lager Beer : 원맥즙의 농도가 11~12%인 보편적인 맥주로서 농색 및 담색으로 구분할 수 있으며, 저장기간 특히 후숙기간이 긴 향미가 좋은 맥주이다. 60℃에서 30분 정도 살균처리한 후 병입된 것이며 주정도는 4°이다. - 국내 맥주 브랜드들이 여기에 해당(하이트, 오비라거, 맥스 등)된다.

② Draft(Daught) Beer : 보통 말하는 생맥주를 뜻하며 발효군이 살균되지 않은(unpasteurized) 맥주이다.

③ Pilsener Beer : 연수(단물)를 양조용수로 사용하여 담색맥아로 만들기 때문에 맥아 향기가 약한 황금빛깔의 담색맥주이다. 맛은 담백하며, 쓴맛이 강하고 상큼한 맥주로서 알코올 함량은 3~4%이다.

④ Munchener Beer : 경수(센물)를 양조용수로 사용하여 맥아 향기가 짙고 감미로운 맛이 나는 대표적인 농색 흑맥주로 알코올 함량은 약 4%이다. 이와 유사한 맥주로 Kulmbach Beer, Number Beer 등이 있다.

(2) 상면발효 맥주

영국, 미국의 일부, 캐나다, 벨기에 등지에서 생산되며 발효 중 표면에 떠오르는 효모를 사용하고 비교적 고온에서 발효시킨다.

① Porter : 영국 맥주로 맥아즙 농도, 발효도, 홉 사용량이 높고

캐러멜로 착색한 이유 때문에 색깔이 검으면서 매우 농순한 맥주이다. 에일보다는 다소 감미로우면서 쓴 맛이 덜하다. 약 5%의 알코올을 함유하고 있으며 일정비율의 흑맥아를 사용하여 제조한다.

② Ale : 보통맥주보다 호프를 1.5~2배 정도 더 넣을 뿐만 아니라 후숙 기간이 짧아 탄산가스가 적으며 거품도 적고 쓴맛이 강하다. 보통맥주보다 고온에서 발효시키기 때문에 호프향이 강하고 고미(苦味)가 강하다. 대체로 주정도는 4~4.5°이며 담색이다. Ale 중 제일 약한 맥주인 Pale Ale은 농색이고 맥아 맛이 온화한 Mild Ale, 향기가 짙은 Scotch Ale 등이 있다.

③ Stout : 색깔이 매우 검으면서 감미롭고 다소 탄 냄새를 지니며 강한 맥아 향을 가지고 있다. 포터보다는 훨씬 강하며 쓴맛도 강하고 8~11%의 강한 알코올 함량을 지니고 있다. 약 6개월 이상의 후숙기간을 가지며 최종 발효는 병속에 담아서 시킨다.

④ Lambic : 벨기에의 브뤼셀에서 양조되는 몇몇 상면발효 타입 맥주 중의 하나로 60%의 맥아와 40%의 밀을 원료로 하여 제조된다. 호프를 많이 사용하면서 야생효모, 젖산균 및 브레타노 마이세스 (Birettano-myces) 등의 균을 사용하여 자연발생적으로 발효를 시킨다. 이 맥주는 하나의 같은 용기에서 발효시키고 저장하여 2~3년 이상 후숙을 시킨다.

2) 효자 메뉴

① 가볍게 한잔! 스몰비어라면 역시 〈봉구비어〉

•감자튀김 : 국내산 생감자 튀김, 속은 보들보들, 겉은 바삭! 지금의 〈봉구비어〉를 만든 1등 공신

•수공업 통치즈스틱 : 고구마무스와 치즈의 환상조합, 부드러운 크림생맥주에 입에서 쫀득쫀득 +시원한 맥주와 함께!

② 콜라보 브랜드의 약진 〈바보스〉

•버터갈릭포테이토 : 영양만점 감자튀김에 갈릭파우더로 신선하고 더욱 고소한 맛 현재 제일 많이 찾는 메뉴!

•옛날통닭 : 바삭바삭 옛날통닭 한 마리와 고구마가 듬뿍! 누구나 찾는 추억과 맛의 환상의 공존! +자몽크림생맥주가 제격!

③ 싸롱 전성시대! 저녁노을과 맥주 한잔 〈청담동말자싸롱〉

•생오징어튀김 : 생오징어를 한 마리 통째로 튀겼다! 짭짤하고 씹는 맛이 일품! 새로운 히트 메뉴로 등극

•말싸쏘 : 그냥 소시지가 아니다! 줄줄이 잘라서 먹고 높은 식감으로 맥주와의 환상궁합을 자랑! +최고의 짝! 생맥주

④ 세계맥주전문점 탭하우스 〈와바〉

•수제 피쉬 칩스 : 손으로 직접 만들어 정성이 남다르다! 영국에

서 먹던 그 맛 그대로 재연

• 리코타치즈 블루베리 피자 : 싱싱한 계절채소 위에 홈메이드 치즈가 듬뿍! +15가지 종류의 수제 맥주 찰떡궁합

⑤ 국내 정통 호프의 산실 〈치어스〉

• 고르곤졸라 피자 : 이태리 대표격 블루치즈인 고르곤졸라치즈와 꿀의 환상의 조합! 피맥의 정석

• 스페셜 치킨 플래터 : 순살로만 4종의 치킨을 한꺼번에 맛볼 수 있다. 역시 맥주엔 치킨! +치어스만의 생맥주로 속까지 뻥~

⑥ 외식과 주점을 아우르는 〈사바사바 치킨&비어〉

• 파닭치킨 : 원조 파닭치킨! 황금빛 후라이드 치킨과 싱싱한 파 샐러드, 그리고 특제 소스까지

• 후라이드 옛날치킨 : 바삭바삭한 살아있는 추억의 맛! 천연양념으로 고소한 예전 그대로의 맛! +머리까지 시원해지는 생맥주와 딱!

3) 인기 맥주 베스트 10과 한국음식과의 궁합

"한국 맥주는 맛이 없다" 라는 말 한마디는 어떤 촉발점이 됐다. 한 외신 기자가 '한국 맥주' 를 북한의 대동강 맥주만도 못하다고 평가한 이후, 그 반발작용으로 한국에서는 크래프트 맥주(소규모 양

조장이 자체 제조법으로 만드는 맥주. 수제 맥주) 붐이 일었다. 문제적 발언의 주인공인 대니얼 튜터씨는 현재 크래프트 맥주 기업인 더부스의 공동설립자로 일하고 있다. 또 다른 맥주 전문가들은 "라거는 원래 맛이 없어야(무미) 하는 맥주인데 한국 맥주는 그에 부합하는 라거"라는 전혀 다른 이야기를 내놓는다. 맥주 업체 광고모델로 내한한 영국의 유명 요리사 고든 램지가 "'카스'는 한국 음식에 가장 잘 어울리는 맥주"라는 취지의 발언까지 던지자 맥주 맛은 더욱 미궁에 빠진다. 한국 맥주에 대한 평가들 사이의 간극은 마리아나 해구만큼이나 깊다. 소비자는 어리둥절하다. 그래서 한국 맥주는 맛이 있다는 건가, 없다는 건가.

한국일보에서 맥주 전문가 5명을 대상으로 2018년 1월 18일 한국에서 가장 잘 팔리는 인기 맥주를 뽑아 직접 시음해 봤다. 점포 수만 1만 2,000여개로 편의점 매출 1위를 유지하고 있는 GS25에서 지난해 10~12월 3개월 간 판매된 500㎖ 캔맥주 순위를 살펴봤다. 국산 맥주와 수입 맥주를 각각 10위까지 뽑은 후 페일 라거(맥아의 단맛과 홉의 쓴 맛을 줄여 맑고 옅은 맛을 내는 라거 맥주, 전 세계적인 대기업에서 대량 생산하고 있는 대표적인 맥주), 부가물 라거(쌀, 옥수수 등 맥아 외의 재료를 첨가한 맥주), 필스너(페일 라거의 한 종류로 쓴 맛이 부각되고 황금색을 띤 맥주) 등 라거로 분류되는 맥주를 추렸다.

국산 맥주 중 카스와 카스 라이트는 동일 브랜드로 보고, 이중 더 대표적인 카스를 취했다. 수입 맥주 시장에서는 아사히, 기린 이치방, 삿포로 등 일본 맥주가 강세를 보였지만 보편적인 평가를 위해 샘플은 국적별로 하나씩 추출했다.

이와 같은 기준으로 추출된 맥주는 수입과 국산 맥주 각 5종이다. 아사히, 칭다오, 필스너 우르켈, 스텔라 아르투아, 하이네켄 그리고 카스, 하이트, 클라우드. 프리미어 오비 필스너, 맥스다. 단, 이 리스트에서도 필스너 계열 라거는 여러 시음에서 태생적으로 유리하다. 시원하고 맑은 맛과 청량감에 치중하는 페일 라거나 부가물 라거에 비해 상대적으로 맛과 향이 진해 좋은 점수를 받기 쉽다. 시음 대상 맥주 중 프리미어 오비 필스너와 필스너 우르켈이 필스너 계열에 해당한다.

편의점 집계 특성 상 인기 순위에는 '4캔 1만원' 행사 등 지속적으로 할인 행사를 해 온 맥주가 상위에 올라 있다. 따라서 시음 대상 맥주는 시장에서 인기 있는 것이지, 완성도 높은 맥주를 기준으로 삼은 것은 아니다. 맥주의 상미 기한에 대한 변수도 중요하게 작용한다. 유통기한과 관계없이, 제조된 지 얼마 되지 않은 맥주가 더 좋은 풍미를 낸다는 것이 맥주 업계의 다수 의견이다.

이렇게 선정된 라거 맥주 중 한국 음식에 가장 잘 맞는 맥주가 무엇인지 찾을 차례다. 한국에서 이의 없이 맥주와 찰떡궁합으로 꼽히는 건 치킨이다. 수많은 치킨 브랜드 중 전반적으로 강한 특징을 지녀 지점에 따른 조리 차이 등으로 인한 맛 편차가 적은 교촌 치킨을 택했다. 교촌 간장 오리지널, 레드핫, 프라이드를 시식 대상으로 정했다.

한국 음식에 맞는 맛있는 맥주를 찾기 위해, 다양한 층위의 패널로부터 균형 잡힌 의견을 구했다. 서울 공덕동 미스터리 브루잉 컴퍼니 대표를 맥주 전문가로 초빙했다. 타 주류 전문가로는 와인 칼럼니스트 김상미와 '한국술집 안씨막걸리'를 운영 중인 안상현씨가 선정됐다. 맛집 지도 앱 '뽈레' 기획자인 김류미씨, IT 기업 회사원이자 치맥 애호가인 남민영씨는 일반인 패널로 참가했다.

10종의 맥주 중 국산 맥주와 수입 맥주를 섞어 2차에 걸쳐 블라인드로 시음했다. 먼저 아사히, 맥스, 클라우드, 하이네켄, 프리미어 오비 필스너를 1~5번으로 한 차례 시음했다. 잠시 휴식을 가진 후 6~10번까지 칭다오, 스텔라 아르투아, 필스너 우르켈, 하이트, 카스를 순서대로 시음했다. 세 가지 맛 치킨은 패널들이 자유롭게 곁들여 먹는 방식으로 두 시간여에 걸쳐 진행했다. 각 치킨과의 조화 점수를 각 5점 만점, 총점 15점으로 두고 패널들이 매긴 점수의 평균으로 다시 순위를 매겼다. 수입 맥주라면 아사히, 국산 맥주라면 카스가 언제나 편의점 맥주 냉장고에서 가장 좋은 자리를 차지하고 있다. 그만큼 많이 팔린다는 뜻이다. 그러나 패널들의 시음 결과는 이러한 인기와는 무관했다. 패널들이 치킨과 먹기에 가장 좋다고 답한 맥주는 국산 맥주는 하이트, 수입 맥주로는 필스너 우르켈이 꼽혔다. 그러나 이들의 판매 순위는 각각 3위와 7위다. 가장 많이 팔리는 아사히는 치킨과의 조화 총점에서는 가장 낮은 점수를 받았다. 카스역시 인기에 비해서는 치킨과 조화 점수가 상대적으로 낮았다. 우리는 이제껏 뭘 마시고 있었던 걸까? 시음에 참가한 패널들 역시 인식과 다른 결과에 놀란 듯, "할인 행사나 브랜드 이미지로 맥주를 선택해 왔던 것 같다"는 의견을 나누기도 했다.

〈표 1〉 어떤 맥주가 치킨과 궁합 맞나

순위	치킨과의 조화				특징				
	간장	레드핫	프라이드	총점	맛	향	탄산감	목넘김	총점
아사히 (부가물 라거)	2.8	2.8	2	7.6	2.6	1.8	2.2	2.8	9.4
칭다오 (부가물 라거)	2.8	2.8	2.6	8.2	2.4	2.4	3	2.8	10.6
필스너 우르켈 (필스너)	3.4	3	3.2	9.6	3.4	3.4	3.4	3	13.2
스텔라 아르투아 (부가물 라거)	3.4	2.8	3	9.2	3.4	3.2	2.4	3.2	12.2

하이네켄 (페일 라거)	2.6	2.6	3	8.2	2.6	2.8	2.6	2.8	10.8
카스 (부가물 라거)	2.8	2.6	2.6	8	2.2	2.6	2.8	3.2	10.8
맥스 (페일 라거)	2.8	2.8	2.2	7.8	3.4	3.2	2.2	2	10.8
클라우드 (페일 라거)	3	2.8	3.6	9.4	2.8	2.2	2.2	2.6	9.8
오비 필스너 (필스너)	2.6	2.2	3	7.8	2.8	2.4	2.4	2.4	10
하이트 (페일 라거)	3.4	3.6	3.2	10.2	2.6	3	3.4	3	12

자료: 한국일보 (2018.01.18.)

〈표 2〉 편의점에서 가장 잘 팔리는 맥주

	순위	맥주명(제조사)		순위	맥주명(제조사)
국산 맥주	1	카스(오비)	수입 맥주	1	아사히(롯데)
	2	필라이트(하이트)		2	칭다오(비어케이)
	3	하이트(하이트)		3	기린 이치방(하이트)
	4	카스 라이트(오비)		4	삿포로(엠즈)
	5	피츠(롯데)		5	1664 블랑(하이트)
	6	클라우드(롯데)		6	기네스(디아지오)
	7	프리미어 오비(오비)		7	필스너 우르켈(사브밀러)
	8	맥주(하이트)		8	스텔라 아르투아(오비)
	9	망고링고(하이트)		9	코젤 다크(사브밀러)
	10	퀸즈 에일 블론드(하이트)		10	하이네켄(하이네켄)

자료: 한국일보 (2018.01.18.), 편의점 GS25(2017년 10~12월-500ml캔)기준

II

호프·스몰비어 전문점 현황

1. 호프, 스몰비어 시장환경과 현황

호프 주점은 브랜드 고급화와 소자본 창업자를 공략하기 위한 축소형 매장 등 다양한 콘셉트로 내실다지기에 나섰으나 경기불황의 지속과 금연구역 확대, 인력난 등으로 시장 환경에 난항이 계속되고 있다. 그러나 이러한 경기불황에도 고객니즈에 맞춰 다양한 변신을 시도하는 노력이 지속되고 있다. 특히 오랜 연혁의 메인브랜드를 업그레이드하여 새로운 콘셉트로 포지셔닝, 브랜드 리뉴얼을 진행하고 있다. 주류에 대한 고객의 니즈가 점차 세분화 · 전문화되면서 크래프트 비어 열풍에 동참하고 있다.

피쉬&그릴은 기존을 업그레이드 한 레스토랑형 주점인 피쉬&그릴 too을 선보여 이목을 끌었으며, 치르비어플러스라는 크래프트 비어 브랜드를 론칭했다. 와라와라에서도 그릴 스몰펍인 군반장을 론칭하여 가맹사업을 펼쳐나가고 있으며, 투다리에서는 오리진 투다리, 오사카오쇼를 론칭해서 신규가맹사업 확대와 기존 점포인 투다리는 점포환경 개선 사업을 진행하여 가맹점주와 고객들의 편의개선에 힘쓰고 있다.

치어스는 지난 2001년 분당 야탑에 첫 본점을 열었으며 현재는 전국에 370여 개 매장이 있다. 치어스 매장 대부분은 주택가 상권을 끼고 있다. 최근에는 패밀리레스토랑과 영국식 펍하우스가 결합된 레스펍 인테리어를 추구해 주점에 대한 편견을 깨는데 주력했다. 인토외식사업은 기본 브랜드인 와바를 크래프트비어와 세계맥주를 전문으로 판매하는 탭하우스 스타일의 Real Beer & Craft WABA로 브랜드 리뉴얼을 했다.

대기업도 크래프트 비어 펍시장에 진출하고 있다. 신세계푸드는 수제맥주 전문점 데블스 도어(Devil's Door)를 오픈하여 매장에서 직접 제조한 크래프트 비어를 포함해 다양한 수제맥주를 판매하고 있다. 롯데에 이어 대규모 유통망을 갖춘 신세계가 맥주 사업에 뛰어들어 장기적으로 주류 시장 판도에도 영향을 미칠 것으로 업계는 보고 있다.

1) 장기 불황과 규제 속 삼중고

치열한 경쟁 속 고객 한 명이라도 더 잡아라. 장기적인 경기 침체기로 접어들면서 외식업계, 특히 주점업계는 어느 때보다도 위기의식이 고조되고 있다.

(1) 호프, 저가형 메뉴로 불황 극복 노력

불황이 장기화되면서 호프 브랜드가 강세로 작용하고 있다. 경기 불황이 계속되면서 서민들을 타깃으로 하는 서민형 업종이 강세를 보인 가운데, 호프 브랜드가 단연 돋보인 것이다.

실제로 인토외식산업의 경우 자사의 제2브랜드인 〈까르보네〉와 관련해 4000원도 안 되는 가격으로 소셜커머스 상품 행사를 마련해 5일 만에 3000장을 판매하기도 했다.

불황과 경기 침체가 가져온 호프업계의 또 다른 변화는 리뉴얼과 제2브랜드 출시 등 고정 고객을 확보하기 위한 노력이다.

이와 함께 제2브랜드를 출시하거나 이종 업종 간 결합으로 새로운 방식의 매장 운영을 시도하는 사례가 증가하고 있다.

리치푸드는 저렴한 가격으로 맥주를 즐길 수 있는 스몰비어 브랜드인 〈치르비어369〉를 신규로 론칭했다. 향후 외식업이 다른 업종과의 다양한 콜라보레이션을 시도할 것으로 보고 있다.

(2) 노후화된 브랜드 리뉴얼 활발

최근 주점시장은 업계 대표브랜드들의 리브랜딩이 활발하다. 꼬치주이주점 간이역과 퓨전포차 시장을 주도했던 피쉬&그릴은 대대적인 리뉴얼을 감행했다.

이처럼 신규 브랜드는 물론 업계를 대표하는 리딩 브랜드들의 리뉴얼 및 리브랜딩 성공여부가 주점시장의 활성화에도 큰 영향을 미친다. 이로 인해 예비창업자의 니즈에 따른 소자본 창업과 대형매장 창업의 양극화가 심화되고 있다. 다만 규모에 상관없이 저가격, 고품질을 향한 고객의 니즈에 맞춰 저가 메뉴에 대한 업계의 경쟁은 더욱 치열해지고 있다.

특히 과도한 술자리를 지양하는 최근 사회 분위기에 맞는 신규 브랜드 및 영업형태의 탄생도 주목할 부분이다.

2) '스몰비어' 가 이끈 '크래프트' 바통터치

주점시장을 휩쓸었던 스몰비어에 대해 업계 시선이 그리 희망적이지만은 않다. 유사 콘셉트의 난립에 따른 과다 경쟁 등 거품이 만만치 않기 때문이다. 스몰비어는 2015년 매장 출점 및 화제성 면에서 단연 창업시장을 견인한 핫 아이템이었다.

주점업계는 '불황' 과 맥을 같이 할 것이며 경기가 어려울수록 고객들이 선호하는 '불황 키워드' 를 주점 업계가 가장 많이 반영할 것이다.

3) 매출·가맹점수 동반 마이너스 성장

(1) 최악의 시장환경으로 '버티기 경영'

경기불황으로 인한 소비심리 위축으로 그 어느 때보다 힘든 시기를 보낸 주점업계는 브랜드별 다각적인 노력에도 불구하고 가맹점수 감소와 더불어 마이너스 성장을 기록했다.

경기가 어려우면 주점업계가 반사이익을 본다는 통설이 무색하게 생존 차원의 '버티기 경영'을 해왔던 가맹점 개설, 전체 매출 규모는 물론 단위 매장 당 매출까지 감소했다.

주점업계는 이 같은 어려움을 돌파하기 위한 신성장동력을 찾기 위해 다양한 시도를 거듭했다. 맥주전문점 와바는 해산물 전문 실내 포차 버들골 이야기와 전략적 제휴 협약을 체결해 시너지를 일으킬 수 있는 경영방식을 시도했으며, 와라와라는 10주년 기념 전략적인 브랜드 리뉴얼을 통해 제 2의 전성기를 위한 발판을 마련했다.

(2) 외식시장의 큰손 '여성'에 집중한 주점시장

외식소비시장의 큰손으로 떠오른 여성에 집중하는 등 주력 타깃 고객층이 변화한 것도 주점업계의 특징이다. 여성고객을 타깃으로 함으로써 메뉴개발이 더욱 활발해졌고 이로 인해 치킨전문점, 패밀리레스토랑 등과 주점의 업종 경계가 모호해졌다.

인토외식산업의 맥주바켓을 중심으로 비턴, 통파이브, 맥주창고, 비어바켓 등 저가경쟁과 맞물린 세계맥주전문점이 일정 마니아 소비자군을 형성하며 인기를 끌었고 신규 브랜드 론칭도 지속되면서 점차 경쟁이 심화되고 있다.

(3) 경영환경 더욱 악화, 서민형 키워드 주목 예상

흡연과 밀접한 관계가 있는 주점업계의 경우 매출 감소가 필연적이다. 특히 대형규모의 주점이나 2~3층에 입점한 매장의 피해가 더욱 클 것으로 우려되고 있다.

한편 프랜차이즈 산업에 대한 규제강화가 확대되면서 산업 전반의 자연스러운 구조조정과 더불어 경쟁력 없는 소규모 브랜드는 시장에서 퇴출되고, 경쟁력 있는 브랜드 위주로 재편될 것으로 보인다.

최근 주점업계에서 주목할 아이템으로 '서민형 주점'을 꼽았다. 경기가 불황일수록 저렴한 가격대의 서민형 외식업이 사랑받는 것처럼 주점업계도 예외가 아니다.

트렌드를 반영한 융·복합형 테마주점도 주점업계의 새로운 창업 형태로 이목을 끌고 있다. 2011년 주점업계의 새로운 트렌드로 주목받았던 '부킹주점'처럼 스마트기기를 활용해 공간의 재미를 더한

'스마트주점'이 새로운 주점 아이템으로 주목받고 있다.

주점업계 전반적으로 신규 브랜드 론칭이 활발하다. 이는 기존 주점업계에 대형규모의 브랜드가 많았던 만큼 소자본 창업에 포커스를 맞춘 주점 브랜드 론칭이 대거 이뤄질 것으로 예상하기 때문이다. 특히 간이역 브랜드를 운영하고 있는 주인프래너스의 경우 골목 떡볶이라는 분식브랜드를 론칭하고, 치어스는 별도법인으로 론칭한 파스타 치킨카페 빠담빠담의 공격적인 가맹사업을, 와라와라 역시 처음 사옥에 선보인 커피 전문점 카페라를 가맹사업 모델로 발전시켜 나가고 있다.

2. 불황에 직격탄 맞은 호프·스몰비어 전문점 현황

1) 무조건 꽉꽉 채워라, 높은 회전율만이 정답

저가 브랜드의 살길은 하나다. 박리다매, 무조건 많이 파는 것만이 정답이다. 저가형 포차가 수익을 내는 과정은 이렇다. 안주 가격을 낮춰 '싸다'는 인상을 심어줌으로써 테이블당 2~3가지 정도는 부담 없이 주문하게 만든다. 안주가 하나 추가될 때마다 주류도 하나씩 추가되는데 여기서 수익을 내는 것은 안주가 아닌 주류다. 안주의 경우 높게는 원가가 50% 가까이 되는 메뉴도 있지만 주류 원가는 정해져 있다. 저가형 포차의 경우 통상 안주와 술의 평균 원가율을 38% 전후에 맞춰 수익을 유지한다.

다음은 인건비다. 주방에서 만들어야 할 메뉴가 많고 추가 주문하는 고객들이 수시로 벨을 눌러댄다면 주방과 홀 인건비는 상승할 수밖에 없다. 저가 포차 브랜드가 이를 상쇄하는 전략은 기가 막히다. 대부분의 안주류를 고객이 테이블에서 직접 끓여먹도록 해 오퍼레이션을 대폭 간소화, 주방 인건비를 최소화했다. 고객 입장에서는 신선한 재료를 눈으로 확인하고 기호대로 직접 익혀먹을 수 있어 좋고, 점포 입장에서는 그릇에 재료를 담아내기만 하면 되니 편리해서 좋다. 홀 인건비의 경우 점주가 직접 발로 뛰며 종업원 1인 이상의 노릇을 해야 하는 구조, 오토 매장은 지양하는 것이 좋다.

마지막으로 소음 즉 시끄러운 분위기다. 한껏 높인 BGM 볼륨과 고객들의 대화가 뒤섞이면 바로 앞 사람과 대화를 할 때도 소리를 질러야 할 정도다. 오랜 시간 앉아서 편하게 마실 수 있는 분위기 자체를 만들어주지 않는다. 자연스레 머무는 시간이 짧아지고 회전은 빨라진다.

이처럼 업무강도가 높을 뿐 아니라 운영상 노련함도 필요하다 보니 창업자 가운데는 과거 외식업, 특히 주점업을 경험해 봤던 속칭 '선수'들이 많은 편이다. 브랜드별 매출 상위 매장 역시 이들 선수들이 운영하는 곳이 대다수다. 과거 개인 브랜드를 운영하다 최근 프랜차이즈로 갈아탄 점주는 평일 3~4회전, 주말 5회전은 해야 만족할 만한 수익을 낼 수 있다. 업무 강도가 높아 내가 직접 뛰며 고생할 각오 없이는 결코 성공하기 힘들다. 하지만 가격 경쟁력이 있는 만큼 노력한 만큼 보장되는 것이 또 포차의 매력이다.

2) 초가성비 인기 안주 호평

저가 메뉴라고 얕잡아봤다가는 놀랄 일이다. '말도 안 되는' 퀄리티와 푸짐함으로 무장한 그야말로 초가성비다. 이 가격대에 이정도 메뉴가 가능한 것은 프랜차이즈 최대 경쟁력인 대량구매 덕분이다. 삼구포차의 메뉴개발 담당은 낮은 가격으로도 수익을 낼 수 있는 원가구조가 바로 모든 메뉴를 3900원에 팔아도 수익을 낼 수 있는 이유이며, 개인 브랜드로는 절대 불가능한 프랜차이즈만의 강점이다.

3) 자영업에서 FC로 갈아타며 호프 트렌드 합류

천안 두정동 먹자골목 상군에 위치한 삼구포차는 두정동에서 가장 먼저 생긴 저가형 포차다. 2016년 3월 오픈 직후 연일 대기행렬이 생기면서 인근 고객을 끌어들이기 시작, 현재는 평일 3회전, 주말 5회전 정도로 안정권에 접어들었다.

점주가 삼구포차를 오픈하게 된 배경은 기존 점포의 부진 때문이었다. 모던 이자카야 콘셉트로 5년간 개인 브랜드를 운영하면서 지역 내에서 자리를 잡았으나 1년 4개월 전 도보 5분 거리에 임창정의 소주한잔이 오픈, 급격한 고객 이탈이 발생한 것이다. 당시 이자카야는 점주가 직접 요리를 만들어 제공하는 수제 콘셉트로 객단가도 소주한잔과 비슷한 수준이었다. 고민 끝에 소주한잔과는 전혀 다른 콘셉트로 방향을 바꿔야겠다고 결심을 했고, 이렇게 선택한 것이 바로 삼구포차다.

천안두정점은 창업비용을 절감하기 위해 1층, 165㎡(50평) 규모의 기존매장 시설을 그대로 사용하면서 인테리어만 새로 하는 형태로 리뉴얼을 진행했다. 모든 메뉴가 3900원인 저단가 특성상 안주보다는 주류 매출에 집중하고, 인건비를 최소화함으로써 수익률 확보에 주력하는 한편, 기본적으로 추가주문이 많은 데다 안주를 추가하면 주류도 추가하기 때문에 타 주점에 비해 호출 벨 누르는 횟수도 훨씬 많다. 아르바이트를 독려하기 위해서라도 나 먼저 바쁘게 움직이는 모습을 보여줄 필요가 있다고 강조한다.

천안두정점은 오픈 직후 월 1억2000만 원까지 매출을 올리다 오픈발이 잦아든 이후 월 평균 9000만 원 정도의 안정적 매출을 유지하고 있다. 고객의 90% 이상은 20대 초반의 대학생으로 저가 브랜드임에도 본사에서 계절별로 다양한 신메뉴를 출시, 고객들이 질리지 않고 재방문할 수 있는 것도 큰 경쟁력이다.

(1) 수상한 포차에서 삼오칠싸롱으로 브랜드 변경, 〈적시타〉

삼오칠싸롱 목동점은 본사와 같은 건물에 위치한 특성상 여느 가맹점보다도 본사와의 커뮤니케이션이 활발한 편이다. 이곳 점주는 같은 자리에서 수상한 포차를 5년간 운영한 경험이 있다. 수상한 포차는 론칭 초기에 89.1㎡(27평) 매장에서 잘나갈 때는 월 4500만원까지 매출을 올렸으나 브랜드가 노화되면서 매출은 절반 수준까지 떨어졌다. 이때 본사와 함께 극복방안을 찾으며 만들어 간 브랜드가 바로 삼오칠싸롱이다. 기존 복고풍 포차와의 차별화를 위해 뻔한 복고 분위기보다는 롤러 스케이트장을 콘셉트로 하는 캐주얼하고 아기자기한 카페풍의 공간을 연출했으며, 안주의 경우 수상한 포차에서 인기를 얻었던 메뉴들을 응용해 품질 경쟁력을 확보했다. 그 결과 2016년 7월 삼오칠싸롱으로 전환한 이후 월 평균 5000만 원 이상의 매출과 함께 수익률은 5~10% 정도 증가하는 효과를 봤다. 점주는 업종전환을 고민하면서 다른 포차들도 많이 다녀봤지만 삼오칠만의 차별화된 콘셉트가 맘에 들었다며 카페풍 콘셉트라면 여성고객 유입에도 긍정적이고, 무엇보다 복고에 비해 롱런할 수 있을 것이라 판단했다고 선택 이유를 밝혔다. 실제 이곳에는 20대 젊은 층 뿐 아니라 직장인, 50대 이상의 중년층 등 폭넓은 고객이 방문하고 있다. 평일에는 3회전 정도, 주말에는 저녁부터 웨이팅이 발생해 5회전 정도 이뤄진다.

(2) 탱고가 흐르는 무대, 〈스페인야시장〉

합정역 5번 출구에서 홍대로 넘어가는 길목에 자리한 스페인야시장은 스페인에서 온 알렉스 셰프가 직접 주방을 진두지휘하고 있다. 지난 2015년 11월 오픈 이후 퀄리티 높은 정통 스페인 요리와 와인을 저렴한 가격에 선보이고 있어 꾸준한 인기를 얻고 있다.

저녁마다 열리는 무료 공연은 스페인야시장만의 특별한 이벤트다. 오픈 당시 매장 앞을 지나는 이들의 눈길을 끌었던 것도 건물 외벽에 걸린 플라멩코 공연 현수막이었다.

2016년 8월부터는 아르헨티나 댄서가 탱고 무대를 선보이고 있다. 1시간 동안 4벌의 옷으로 갈아입으며 테이블 사이의 홀 중앙을 화려한 무대로 장식한다.

스페인요리 전문점에 가면 2~3만 원대에 맛볼 수 있는 스페인 전통 요리를 이곳에서는 대부분 9000원 이하에 제공한다. 마늘 기름 새우 요리(Gambas al Ajillo)는 올리브 오일에 볶은 마늘과 새우를 담아내는 따뜻한 타파스로 가장 많이 찾고 있으며 스페인 돼지고기인 이베리코 목살 스테이크 요리도 인기다.

그 외 연어와 하몽을 사용한 차가운 타파스 요리, 마늘빵에 오믈렛 등을 올려 술안주로 좋은 핑거푸드 핀초스, 스페인식 전통 쌀요리 빠에야 등이 있으며 새롭게 선보일 가을 메뉴도 있다.

스페인야시장은 오픈 주방 안에서 분주한 현지 셰프와 분위기를 돋우는 공연 등 식사를 하면서 경험하게 되는 문화적 요소들이 인상 깊은 곳이다. 캐주얼한 분위기를 선호하는 커플은 물론 주말엔 식사를 하며 공연을 즐기려는 가족 단위 고객도 많다.

주메뉴는 마늘 기름 새우 요리, 이베리코 목살 스테이크, 해산물 빠에야, 하몽 플레이트, 샹그리아, 와인에 가격대는 2000원~20000원 선까지 다양하고 상권은 합정동에 몰려있다.

(3) 주황빛 문화 속으로, 〈대만야시장〉

홍대, 연남동 등 마포구를 중심으로 등장한 〈대만야시장〉은 주황색 간판과 기다란 등을 내건 외관에서부터 현지 야시장의 느낌을 물씬 풍기고 있을 뿐 아니라 매장 안으로 들어서도 가장 먼저 주황빛 조명이 시야를 가득 채운다.

2014년 여름 연남동에서 처음 선보인 〈대만야시장〉은 당시 특색 있는 현지식 메뉴구성과 저렴한 가격으로 입소문이 빠르게 퍼져 나갔다. 매장 앞은 줄지어 선 고객들로 날마다 불야성을 이뤘고 점차 주변 상권으로 매장 수를 늘려가기 시작했다.

오픈 이후 몇 차례의 리뉴얼을 거쳐 현재 제공되고 있는 메뉴 가운데 가장 많이 나가는 메뉴는 대만식 탕수육과 가지튀김이다. 돼지고기를 얇게 썰어 간장과 소금으로 간한 뒤 튀겨 만든 전통 대만식 탕수육은 별도의 소스가 필요 없다. 생김새와 식감은 흔히 먹는 탕수육과 비슷하지만 짭조름한 맛과 향이 달라 묘한 중독성이 있다. 가지튀김은 밀가루 옷을 입혀 튀긴 가지에 특제 소스를 곁들여 내놓는데 달짝지근하고 바삭한 식감이 일품이다.

메뉴 가격은 대부분 1만원 이하, 부담 없는 양으로 제공돼 술안주로 곁들이기에 좋다.

이곳의 주메뉴는 대만식 탕수육, 가지튀김, 군만두, 딤섬, 대만망

고맥주, 칭다오로 가격대는 5000원~1만원이 주류를 이루고 상권은 연남동과 홍대이다.

(4) 샤로수길의 작은 태국, 〈방콕야시장〉

평일에도 오후 4시 반쯤이면 사람들이 하나 둘 모여드는 곳이 있다. 오후 5시 정각 오픈에 앞서 직원이 먼저 나와 대기표를 나눠 준다. 샤로수길 안쪽에 자리한 방콕야시장이다. 〈방콕야시장〉에서는 팟타이, 카오팟, 톰얌쿵, 뿌팟퐁커리 등 태국의 대표 음식들을 당일 준비한 신선한 재료를 사용해 요리하기 때문에 재료가 소진되면 일찍 문을 닫기도 한다.

카오팟은 새콤한 라임과 굴소스, 피쉬소스를 이용해 태국에서 들여 온 자스민라이스를 달콤하고 짭짤하게 볶아 낸 요리다. 볶은 쌀국수 요리 팟타이와 카오팟은 새우, 돼지, 닭, 해물, 게살, 소고기 등 재료를 넣어 7가지 종류로 다양하게 선보이고 있어 취향에 따라 선택할 수 있다. 게를 가득 넣어 향미를 더한 뿌팟퐁커리는 손으로 먹어야 하기 때문에 비닐장갑을 따로 제공한다. 그 자체도 양이 푸짐하지만 자스민라이스로 지은 흰밥을 별도로 주문해 양념 소스에 비벼 먹는 맛도 좋다.

태국의 길거리 음식으로 대표되는 쎄꺽은 짭짤한 태국 마늘 소시지로 코코넛 숯에 정성스럽게 구워 낸다. 태국 생과일주스의 꽃, 시원한 수박 스무디 땡모반은 후식으로 입가심하기 좋은 별미다.

주메뉴는 카오팟, 팟타이, 뿌팟퐁커리, 똠얌꿍, 땡모반이며 가격대는 7500원~1만원으로 서울대입구(샤로수길)에 소재하고 있다.

(5) 화려한 자유의 도시, 〈뉴욕야시장〉

한 손에 맥주를 든 자유의 여신상이 옐로우캡 안에서 창밖을 향해 외친다. Don't worry, Beer happy! 시선을 사로잡는 엉뚱하고 유쾌한 이 그림은 뉴욕야시장을 표현하고 있는 로고다.

리치푸드(주)에서 지난 2016년 6월 홍대 본점에서 첫 선을 보인 뉴욕야시장은 전 세계 젊은이들이 가장 가고 싶어 하는 도시 뉴욕의 감성을 담아 트렌디하고 자유로운 문화 공간을 풀어냈다. 뉴욕의 화려한 밤거리에서 열리는 야시장을 콘셉트로 하고 있어 무엇보다 음악과 조명, 그 속에 어우러진 사람들의 대화 소리가 흥겨운 분위기를 돋운다. 인테리어에 사용된 드럼통 의자와 테이블, 노출 파이프가 인상적이다.

대표 메뉴는 토르티야에 싸 먹는 핑거스테이크(쌈 싸먹는 뉴요커 스테끼)로 멕시칸이 즐겨먹는 토르티야에 미국인들이 사랑하는 스테이크를 조합했다. 세계의 모든 인종과 문화가 모이는 뉴욕의 다채로운 문화를 담아낸 것이다. 핑거스테이크는 육질 좋은 소고기와 신선한 채소를 그릴 팬에 익혀서 낸다. 테이블마다 달콤한 토르티야에 스테이크와 채소, 뉴욕 소스를 곁들여 맛있게 쌈 싸 먹는 방법을 함께 제공하고 있다.

마카로니와 풍부한 치즈 소스의 조화가 구미를 당기는 맥앤치즈는 미국인들이 맥주와 함께 '치맥' 처럼 즐기는 메뉴다. 뉴욕야시장에서는 소시지, 새우, 베이컨을 조합해 맥앤소시지, 맥앤쉬림프, 맥앤베이컨으로 다양하게 구성하고 있어 더욱 인기다.

그 외에도 크림파스타 치킨, 와플치킨, 뉴욕핫윙, 핫베이컨 치킨 등 치킨 메뉴와 뢰스티&비프, 칠리 후라이, 치즈 포테이토 등 포테이토 메뉴, 다양한 피자 등 트렌디한 메뉴를 개발해 선보이고 있다.

가격대는 단품을 기준으로 대부분 1만원 이하로 형성되고 안주로 집어 먹기 좋을 만큼 아담한 사이즈로 제공해 맥주와 함께 가볍게 즐기기 좋다.

리치푸드는 그동안 피쉬앤그릴과 치르치르 등을 운영하며 쌓은 노하우를 바탕으로 신규 사업 TF를 구성, 불경기 소비 트렌드에 따라 가성비 우수 브랜드를 선호하는 고객의 니즈를 최대한 반영해 메뉴를 구성하고 〈뉴욕야시장〉을 론칭했다. 현재 빠르게 가맹점을 확장해 가고 있으며 홍대 본점의 경우 109㎡(33평) 매장에서 2개월 연속

매출 1억원을 달성하는 기록을 보이고 있다.

주메뉴는 쌈 싸먹는 뉴요커 스테끼, 맥앤치즈, 뉴욕에서 온 크림 파스타치킨, 맥주, 칵테일이며 가격대는 4900원~1만1900원선 이다. 상권은 전국 프랜차이즈를 대상으로 한다.

(6) 비 내리는 골목의 선술집, 〈동경야시장〉

료마(RYOMA), 요시도리(YOSIDORY) 등 다양한 이자카야 브랜드를 운영해 온 (주)다이닝팩토리가 지난 2015년 말 새로운 콘셉트의 이자카야 브랜드 〈동경야시장〉을 론칭, 2016년 초 본격적인 가맹 사업을 전개하며 전국으로 빠르게 확장해 현재까지 80여개의 매장을 오픈했다.

다이닝팩토리는 직원들이 나가서 가맹점을 오픈하는 경우가 많다. 직접 일을 하면서 사업성을 판단한 결과 때문이다. 현재 동경야시장은 한달에 10~15개 이상 점포를 개설하는 등 빠른 확장 속도를 보이고 있다.

〈동경야시장〉은 기존의 프리미엄 이자카야 브랜드와 가격에 차별화를 둔 저렴한 메뉴들을 내놓으며 보다 대중적이고 서민적인 분위기를 형성하고 있어 20대를 비롯해 30~40대 직장인 등 다양한 연령층에서 찾고 있다.

매장 인테리어도 '포차' 느낌을 살리는 데 주력했다. 빨간 정종 박스를 활용한 테이블과 의자, 알록달록한 사인물은 '촌스러운 듯 친근한 이미지'를 형성하기 위한 요소다.

특히 198㎡(60평) 남짓한 강남점은 매장 내에 셔터가 내려진 벽면과 보도블록, 포장마차식 좌식을 설치해 어느 골목길에서 볼법한 풍경을 연상케 만든다. 매일 밤 계속되는 특별한 이벤트도 이곳을 찾는 고객들의 기대를 높이는 요소다. 밤 11시를 전후로 갑자기 불이 꺼지고 번개가 치거나 포장마차식 좌석의 지붕으로 물이 흘러내리는 '비내리는 포차'가 연출되기도 한다.

〈동경야시장〉에서 선보이고 있는 메뉴는 튀김류를 비롯해 볶음이나 구이, 탕류, 면류 등 100여 가지에 이른다. 물론 모든 매장에서 이 많은 메뉴를 취급하고 있는 건 아니다. 매장별로 상권 특성이나 지역 특성에 따라 주요 메뉴를 선택적으로 취급한다. 고객의 반응을 살피며 분기별로 메뉴 교체를 실시하는 한편 끊임없이 메뉴 개발로 새롭게 선보이는 메뉴가 경쟁력이 되고 있다.

사케를 제외한 전 메뉴는 3000원~9000원 가격에 제공하고 있다. 고르기 어려울 만큼 다양한 메뉴를 구성하고 있지만 어딜 가나 인기 메뉴는 있는 법. 베이컨 숙주볶음, 나가사키 짬뽕, 생연어샐러드, 바지락사케찜 같은 정통일식 메뉴가 동경야시장의 베스트 메뉴로 꼽히고 있으며 쫀득한 찹쌀탕수육도 인기가 좋다.

현재 주메뉴는 생연어샐러드, 바지락사케찜, 매운 해물짬뽕, 베이컨 숙주볶음, 사케이며 가격대는 3000원~9000원으로 상권은 전국 프랜차이즈를 대상으로 한다.

(7) 호프 수준 뛰어넘은 메뉴 〈김작가의 이중생활〉

2013년 청담 1호점을 시작으로 브랜드를 론칭한 〈김작가의 이중생활〉은 실내외 인테리어와 콘셉트에서부터 차별화된다. 여타의 프랜차이즈 브랜드들이 복고 혹은 키치한 콘셉트와 디자인으로 고객들에게 어필하고 있는 가운데 〈김작가의 이중생활〉은 오래된 서적, 손으로 그린 느낌의 일러스트, 캘리그래피, 그리고 매장 곳곳에서 접할 수 있는 감성적인 글귀들로 조금 더 고급스러운 분위기를 연출하고 있다.

브랜드에서 주목할 것은 이뿐만이 아니다. 2002년, 분식의 고급화를 내세우며 등장한 '스쿨푸드'가 바로 이곳 본사의 브랜드 중 하나이다. 사내 메뉴개발팀을 통해 다양한 메뉴들을 꾸준히 선보여 왔던 만큼 〈김작가의 이중생활〉에서도 일정 수준 이상의 메뉴 퀄리티를 기대할 수 있다. 현재 총 매장 수는 9개로 2013년부터 본사 차원에서 3~4년간 안정적인 운영 상태를 재차 확인한 후 본격적인 가맹사업을 진행 중이기 때문에 매장 운영과 시스템적인 측면에서는 나름의 신뢰를 가질 수 있다. 특히 본사인 (주)SF이노베이션은 2016년 15주년을 맞은 외식기업으로, 메뉴 개발에서부터 디자인, 콘셉트, 기획 등에 이르기까지 꼼꼼하고 디테일한 기업 문화가 곳곳에 녹아들어 있어 더더욱 안정적인 느낌을 준다.

〈김작가의 이중생활〉의 메뉴구성은 통오징어 떡볶이와 태양초 고추장찌개, 갈릭 소곱창, 크림치즈 와사비 등 20여 가지의 메뉴들을 1~2만원 대 사이에서 선택할 수 있게 했다. 또한 본사가 보유한 제조센터로부터 소스와 일부 식재료를 공급받고 있기 때문에 어느 정도의 안정적인 원가를 보장받을 수도 있으며 각 가맹점의 월평균 매출은 5000~6000만원 내외, 66.1㎡(20평) 기준으로 창업비용은 7000만원 선이며, 전화는 02-515-9657 이다.

(8) 스몰비어와 오뎅 바의 강점 〈보스턴 오뎅〉

〈보스턴 오뎅〉은 지난 2015년 론칭한 포차 프랜차이즈 브랜드다. 본점의 규모가 큰 것은 아니지만, 나름의 독특한 콘셉트로 포지셔닝을 잘 하고 있는 곳이기도 하다.

겨울에는 매출이 주춤한 스몰비어, 여름에 장사가 잘 되지 않는 오뎅 바, 이 틈새의 약점들을 적절히 절충, 보완해 만들어낸 아이템이라는 점이 주목할 만하다. 게다가 오뎅을 활용한 추로스, 샤브샤브 등 독특한 메뉴들을 꾸준히 개발, 출시하고 있어 오뎅 바 콘셉트의 프랜차이즈로서 시장을 선점할 수 있는 기회가 엿보이기도 한다.

매장 인테리어, 디자인 또한 고유의 색깔을 지니고 있다. 우선, 여타의 포차 프랜차이즈들과는 약간 다르게 타이포그래피를 중심으로 깔끔한 분위기를 연출하고 있다. 과하지도 부족하지도 않은 인테리어와 디자인이 고객들의 재방문을 유도한다. 뿐만 아니라 프리미엄 오뎅을 비롯한 60여 가지 메뉴들은 '오뎅'을 떠올렸을 때 누구나 〈보스턴 오뎅〉을 찾을 수 있을 만큼의 임팩트를 지니고 있기도 하다. 본사인 (주)리오컴퍼니는 작은 규모의 기업임에도 불구하고 메뉴 개발팀과 디자인팀을 모두 보유하고 있어 신 메뉴 개발, 인테리어 보완 등을 안정적으로 진행할 수 있다. 뿐만 아니라 슈퍼바이저 역할을 하는 '팀 트레이너'가 1주일에 2~3회 각 매장을 방문, 운영 상황을 함께 체크해주며 지원해주고 있는 것 또한 신뢰가 가는 부분이다.

현재 〈보스턴 오뎅〉의 총 매장 수는 30여개로 66.1㎡(20평) 규모의 당진점의 경우 월평균 2500만원 내외의 매출을 올리고 있다. 총 개설비용은 7800만원 내외(99.1㎡, 30평)이며, 전화는 1577-4392 (www.boston-odeng.com) 이다.

(9) 수제맥주 대중화 콘셉트로 다양한 고객 확보 〈생활맥주〉

중독성 강한 매콤한 맛의 앵그리버드와 부드럽고 고소한 맛의 강남페일에일의 컬래버래이션은 생활맥주 고객들이 가장 선호하는 조합이다. 앵그리버드는 특별한 양념 없이 염지와 파우더의 양념만으로 매콤한 맛을 낸다. 강남페일에일은 부드럽고 고소한 맛에 열대과일, 오렌지, 자몽, 등의 화사한 과일향과 캐러멜 풍미가 부드럽게 어우러진다.

겉은 바삭하면서 안은 고소한 맥앤치즈볼의 느끼함을 아삭하면서 상큼한 샐러드의 채소가 잡아준다. 헤페바이젠은 생활맥주와 수제맥주양조장인 브루원의 콜라보로 만들어진 정통 독일식 밀맥주로 바나나향이 풍부하다.

〈생활맥주〉 브랜드를 선택한 이유는 우선 인지도의 영향이 컸다. 수제맥주 창업을 준비하던 중 가장 먼저 알게 된 것이 〈생활맥주〉였고 매장 수도 많고 인지도도 높았다. 가격대가 높은 수제맥주 판매로 객단가를 높이기 쉽다는 점과 조리가 간편한 시스템도 마음에 들었다.

수제맥주 라인업 구성은 어떻게 하는지 구로디지털단지점은 오피스 상권이라 직장인 고객이 많다. 대부분 가성비 높은 수제맥주를 찾는 편이라 6000~7000원 대의 강남페일에일, 화이트에일, 윤정훈

IPA를 구비해 놓고 있다. 대동강 페일에일처럼 인지도 높은 맥주를 마시러 일부로 찾아 오는 고객들도 있다.

최근 출시된 IPA의 경우 시음신청을 해놓은 상태로 본사에서 캔 맥주 형태의 샘플을 매장까지 가져다 준다. 직접 맛을 보고 고객 반응에 따라 맥주 구성을 선택할 수 있다는 점이 가장 좋은 것 같다.

크래프트 비어라는 특징 때문에 어려운 점은 여름철이라 특히 생맥주 위생 상태에 각별히 신경쓰고 있다. 맥주관 청소는 매일하고 탭을 분해해서 청소하는 것도 일주일에 한 번씩 해주고 있다. 청소를 자주 하지 않으면 맥주가 끈적해지고 맛이 없어지기 때문에 힘들더라도 각별히 신경써야 한다. 처음에는 생맥주 재고관리와 신선도 유지에 대한 걱정도 있었다. 하지만 20리터 한통이 2일 내에 소진되고 하루에 1~2통 정도 사용할 때도 있어서 재고에 대한 부담이나 걱정은 없다.

수익률은 어느 정도 차이가 있는데 여름 성수기에는 보통 월 4000만 원, 겨울 비수기 때는 2000만 원 정도다. 순수익률은 평균 34%, 부부가 운영하기 때문에 아르바이트를 쓰지 않을 경우 인건비가 들지 않아 수익률이 조금 더 오른다. 매장 규모는 33m², 좌석 수는 11석이다. 하루에 50~60 테이블 정도 차고 테이블 단가는 2만~3만 원 내외다.

이곳의 브랜드 경쟁력으로는 본사의 45종 수제맥주로 다양한 고객층 수용과 점주가 직접 고를 수 있는 수제맥주 라인업, 이지쿡 시스템을 들 수 있다. 브랜드 론칭은 2014년 5월에 했으며, 매장수는 83개이다. 창업비용은 약 1억~2억 원 내외 정도이며, 전화는 02-783-9665 이다.

(10) 세계맥주시장을 리드해 온 선두주자 〈와바〉

〈와바〉는 지난 16년간 세계맥주시장을 리드해 온 대표적인 세계맥주전문점이다. 트렌드 변화에 발 빠르게 대처하며, 발전해 오고 있으며, 400여개의 가맹점과 24개점의 직영점을 운영하고 있다. 그러나 최근 불경기를 맞아 리브랜딩을 통해 기존 매장을 지속적으로 관리하며, 기존의 노하우에 새로움을 더함으로써 세계맥주시장 최고의 블루칩으로 떠오르고 있다.

리브랜딩 Real Beer & Craft 〈WABAR〉는 1년여 기간 동안 축적한 시장조사를 바탕으로 수제생맥주(Craft Beer)와 세계 생맥주를 주요 상품으로 하는 Real Beer & Craft 〈WABAR〉로 리브랜딩 했다. 세계맥주시장의 성장으로 작년 세계맥주가 차지하는 비중이 6%를 상회한다. 향후에도 비약적으로 소비시장이 커질 것으로 예측되는 가운데, 국내 대표 세계맥주 전문점다운 발 빠른 행보를 보이고 있다. 그 결과 서여의도점을 중심으로 벌써부터 효과가 나타나고 있다. 전년 대비 35%의 매출 증가와 영업이익은 15% 이상 상승하며, 새로운 전략의 적중을 입증하고 있는 것이다. 경기불황 속 창업시장에서 기존에 가지고 있던 브랜드파워를 바탕으로 새롭게 리브랜딩 전략을 끌어가는 것을 봤을 때, 〈와바〉가 올해 블루칩 프랜차이즈로서 각광받을 가능성이 높다. 거기에 유통체계가 확보돼 있는 것만으로도 이미 블루칩 프랜차이즈의 경쟁력을 갖추고 있다.

고객을 대하는 〈와바〉의 기본 정책은 'Drink, Talk, Enjoy' 다. 'Drink'는 단순히 마신다는 의미를 넘어 고객에게 다양한 방식으로 세계맥주에 대해 경험할 수 있는 기회를 제공한다는 의미다. 세계맥주를 처음 접하는 사람 사람들에게는 선택의 폭을 넓혀주고, 마니아들에게는 원하는 제품을 계속해서 제공한다. 두 번째로 'Talk'는 〈와바〉만이 갖는 경쟁력을 보여준다는 의미다. 대화 공간으로서 카페와 와인바처럼 세계맥주문화에 대한 즐길거리를 지속적으로 진행하고, 매월 각 매장에 마케팅비 지원 정책으로 테이블 매트를 통한 세계맥주 정보, 세계맥주 추천, 영상솔루션 무상제공 서비스(DID)를 통한 영상콘텐츠 제공 및 송출, 그리고 맥주의 역사, 유래, 문화를 엮어 책으로 발간한 'What's Beer'를 비치하는 게 대표적인 예다. 세 번째로 다트게임, Happy Time, 서비스메뉴제공 게임, 아이스바 및 신전 등을 통한 다양한 아이템으로 즐거움을 제공한다는 것이 'Enjoy'가 갖는 의미다. 〈와바〉는 3가지의 기본정책을 이해하고 세계맥주 및 맥주문화에 대한 이해와 관심이 높은 분들이라면 누구나 가맹점주로 환영한다.

그동안 국내 세계맥주 시장의 리더로 군림해온 〈와바〉는 16년 동안 지속적으로 성장해 왔다는 것으로 브랜드 파워를 충분히 입증할 수 있다. 사람들이 전 세계 맥주 이름은 몰라도 이곳이 어떤 곳인지 알고 있다. 한층 업그레이드 해 리브랜딩된 〈와바〉는 15가지의 세계 생맥주를 즐길 수 있는 곳으로, 250개가 넘는 매장을 운영하고 있다. 생맥주의 보관 및 유통관리시스템 등을 확실히 보유하고 있어 장기적이고 안정적인 운영이 가능하다.

〈와바〉가 지속적으로 성장할 수 있었던 것은 성장 지향적 정책보다는 매장이 오랜 기간 영위할 수 있는 시스템 구축과 세계맥주시장을 확대하기 위해 심혈을 기울여 왔기 때문이다. 장기적으로 브랜드 입지를 다져온 프랜차이즈 기업의 공통된 특징은 내실을 다지며 가맹점을 확장한다는 점이다. 그런 점에서 〈와바〉의 정책방향은 지속성을 갖는다. 〈와바〉는 리브랜딩과 더불어 '세계맥주 Beer Talk 오픈하우스'를 분기별로 개최하고 주요 스포츠 행사가 풍성한 2014년인 만큼 이벤트 프로모션을 통해 고객들과 함께할 수 있도록 계획하고 있어 귀추가 주목된다. 최근 주류트렌드는 맥주시장의 꾸준한 성장이다. 스포츠, 여가활동, 사회활동 등에서 가볍게 한잔 할 수 있는 맥주 소비문화의 정착은 세계맥주시장의 동반 성장을 이끌고 있다. 그저 술을 마시기 위한 공간이 아닌 여러 가지 종류의 맥주를 개성에 따라 다르게 소비하려는 고객들의 트렌드의 맞춰 〈와바〉의 성장이 지속될 수 있는 건 오랜 기간 쌓아온 노하우의 힘이 가장 크다. 현재에 머무르지 않고 계속된 투자와 개발로 꾸준함을 보여주는 〈와바〉의 약진은 앞으로도 계속될 전망이다.

막간을 이용한 맥주이야기 '레페(Leffe)'는 달콤한 캐러멜향과 쌉싸름한 맛이 어우러지는 벨기에산 에일 맥주다. 오랜 옛날 수도원에서 신에게 재물로 바치거나 금식 기간에 마시기 위해 생산하던 것이 시초라고 한다. 금단의 영역에 있던 이 맥주가 1950년대에 본격적으로 상업화 됐다. 도수 6.5%의 맥주치고는 강한 편이지만 쓴 맛보다는 달콤함이 먼저 느껴진다. 수도원에서 생산된 Leffe 전용잔은 성배의 모양으로 만들어졌다는 설이 있다. 그 달콤한 맛에 취해 과음을 하게 된다면, 한번쯤 경건한 마음으로 Leffe잔을 바라보며 정신을 차려보는 것도 한 방법이 될 듯하다.

〈와바〉의 블루칩으로는 세계맥주시장의 대표적인 브랜드와 리브랜딩을 통한 발빠른 대응과 공격적 마케팅 및 14년 동안 구축된 노하우와 물류유통체계를 들 수 있다.

III

호프·스몰비어 우수브랜드 성공전략

1. 호프 · 스몰비어 리딩브랜드의 성공전략

1) 시골소녀 말자의 인생역전 스토리 〈청담동 말자싸롱〉

〈청담동 말자싸롱〉은 2010년부터 룸호프 프랜차이즈 〈베비바나나〉를 운영해 온 ㈜금탑프랜차이즈에서 2013년에 론칭한 스몰비어 콘셉트의 브랜드다. 청주에 1호점을 오픈하면서 충청권에 가장 많은 매장이 분포돼 있는 〈청담동 말자싸롱〉은 현재 직접 운영 중인 매장까지 포함하면 전국적으로 총 100여개 점까지 진출했다.

〈청담동 말자싸롱〉 또한 브랜드네임에서 보여지 듯 타 스몰비어 주점과 마찬가지로 복고풍을 콘셉트로 하고 있다. 즉 시골에서 막 상경한 소녀 말자가 서울에서 성공 스토리를 만들어 간다는 것이 모티브다. 그 아이템이 바로 감자튀김이다.

스몰비어전문점에서 중요한건 '스몰비어적 감각'을 살리는 것으로 작은 액자와 손글씨로 만든 소품들로 아기자기함을 최대한 살리고 천장을 낮춰 아득한 느낌을 강조했다. 매장 규모는 최소 26.4㎡ (8평)부터 시작하는데, 보통은 49.5(15평)~66㎡(20평) 규모를 지향한다.

〈청담동 말자싸롱〉의 성공포인트는 최대한 주방을 만들지 않는 것이 관건임을 강조한다. 이는 주방의 최소화를 의미하는데, 주방에 필요한 기기는 오로지 튀김기 뿐이다. 그 정도로 메뉴 레시피가 간단해 2시간 교육으로 마스터할 수 있는 레시피라고 말할 정도다.

메뉴 가격은 2,000~8,000원 수준으로 저렴하다. 주메뉴는 '감자튀김' (3,000원, 5,000원), '스위트 통치즈스틱' (2,000원), '민물 새우 튀김' (5,000원), '오징어튀김' (8,000원) 등이다. 최근에는 기존 메뉴를 식상해 할 고객들을 위해 돈육을 사용한 '리얼 바비큐 육포', '오징어 주댕이' 등 신메뉴를 출시했다. 메뉴개발은 계속해서 진행 중이다. 향후 신메뉴 개발을 하더라도 1만원을 넘어가지 않을 것이다. 메뉴가 1만원을 넘게 될 경우 지금과 같은 주방의 간소화를 담보할 수 없기 때문이다.

〈청담동 말자싸롱〉 오픈 교육은 총 3일간 진행된다. 조리, 매장관리, 경영노하우, CS교육 등을 포괄하며, 그 중 CS교육에 가장 신경 쓴다. 가장 강조하는 것은 '관심' 이다. 본사도 가맹점에 많은 관심을 가지고, 가맹점 또한 고객에 대해 많은 관심을 갖도록 한다. 프랜차이즈 사업을 시작하기 전 11년 동안 공인중개사로 일한 대표는 점포개발에 누구보다 자신을 보인다. 그래서 매장 수가 지금보다 훨씬 늘더라도 입지선정은 직접 한다.

이곳의 출점 목표는 500호점이다. 인테리어 비용이 저렴하고 원가

수준으로 공급해 창업자에 좋은 기회가 될 것이며 함께 가면 더 멀리 간다는 말이 있듯이 점주와 함께 가는 본사가 될 것을 강조한다.

〈청담동 말자싸롱〉 3대 매장은 군산 수송점, 인천 부평점, 서울 건대점이며, 강점으로는 튀김기 하나면 OK인 주방의 간소화, 가맹점 간 상권보호에 철저함과 동시 10평 기준 5,300만원의 저렴한 창업비용이다.

2) 카페와 주점 사이 〈오춘자비어〉

〈오춘자비어〉는 스몰비어의 원류로 여겨지는 부산에서 탄생했다. 4개월간의 준비기간 끝에 2013년 2월 부산 남포동 1호점을 시작으로 브랜드를 론칭했다. 현재 전국 300여개 매장이 운영 중이다. 서울 건대점을 오픈하여 본사를 서울로 이전함과 동시에 수도권 진출도 본격화했다. 현재 스몰비어 브랜드 중에서 〈봉구비어〉 다음으로 가장 선전하고 있으며, 전국적으로 가맹점이 골고루 분포해 있다. 현재까지도 한 달에 평균 10개점을 오픈하고 있는 〈오춘자비어〉는 입소문만으로도 상담 문의가 너무 많아 따로 홍보할 여력이 없을 정도로 행복한 비명을 지르고 있다.

현재 2차, 3차로 이어지는 무거운 음주문화가 사라지고 있다. 카페에서 커피를 마시듯 가벼운 한 잔을 즐기는 사람들이 늘어나고 있는 것이 스몰비어 주점의 인기비결이다. 특히 용인 보정점의 경우는 바리스타 출신인 점주의 강점을 살려 전 매장 중 유일하게 커피를 판매하고 있다. 〈오춘자비어〉는 아기자기한 인테리어를 중요 포인트로 삼는 스몰비어 브랜드 중에서도 인테리어에 가장 공을 들인 케이스다. 벽면, 바닥, 소품 액자 등은 이곳을 상징적으로 나타내는 각종 일러스트로 표현했으며 모두 수작업으로 그려져 더욱 특별하다.

〈오춘자비어〉는 맥주가 주인공이 되는 스몰비어 주점인 만큼 맥주 맛에 가장 큰 공을 들였다. 오비맥주의 '생맥주 품질관리 인증제(BQP, Best Quality Pub)'에 의해 인증패 취득도 하였다. BQP란 생맥주 판매업소를 대상으로 5가지 관리항목과 21가지 세부항목으로 구성된 품질체크리스트에 따라 오비맥주 본사 직원의 방문 평가를 받고, 2개월간 85점 이상 취득시 '맥주 우수 품질업소 인증패'를 수여받는 제도다. 맥주는 기본 '크림생맥주' 외에 '레몬생맥', '자몽생맥', '사과크림생맥' 등 과일 생맥주를 특화시켰다.

다양한 안주 또한 강점이다. '감자튀김'(3,000원, 5,000원), '고구마 통치즈스틱'(2,000원) 외에 '오다리', '핫윙', '문어소세지', '나쵸치즈살사'(모두 5,900원) 등이 있으며, 최근에는 6개월간 메뉴개발 끝에 '치킨롤', '스킨카라아게' 등을 출시했다.

〈오춘자비어〉는 경기 서이천에 물류센터를 마련하면서 국내 스몰비어 브랜드 중 드물게 물류를 직접 운영하고 있다. 또 본사 사무실을 이전하여 조리교육시설을 갖출 예정이며 자체 개발 소스를 제공하게 된다. 〈오춘자비어〉의 창업비용은 49.5㎡(15평) 기준 7,000~7,500만원 수준이다. 매장에 따라 상이하지만 현재 운영매장 중 최대 마진율은 45% 정도로 높은 수준이다.

〈오춘자비어〉의 3대 매장은 부산 동래점, 창원 상남점, 울산 삼산점이며, 강점으로는 스몰비어 브랜드 중 '가장 예쁜' 인테리어를 자부한다는 것과 BQP 인증, 과일생맥주 등 맥주 부분, 본사에서 직접 물류를 운영한다는 점을 꼽을 수 있다.

3) 구석구석 묻어나는 감성 힐링 〈봉구비어〉

힘없이 쳐진 어깨의 이 시대 직장인 자화상 '봉구'를 모티브로 한 〈봉구비어〉는 친근하고 편안한 감성으로 접근하는 브랜드 콘셉트에 맞춰 고객몰이를 하고 있는 브랜드다.

〈봉구비어〉는 이곳을 처음 방문한 누구라도 친근하게 느낄 수 있는 편안한 공간구성을 아이덴티티로 목넘김이 부드러운 크림생맥주, 아이스크림 생맥주와 다양한 핸드메이드 메뉴를 판매하며 고객들에게 사랑받고 있다.

특히 국내산 생감자를 튀겨 겉은 바삭하고 속은 부드러운 감자튀김과 슬라이스 한 생감자칩, 직접 만든 치즈스틱 등은 〈봉구비어〉가 우후죽순 생겨나는 스몰비어 브랜드 중에서도 명확히 차별화를 점할 수 있는데 도움이 됐다.

〈봉구비어〉는 부산에서 시작한 프랜차이즈로 지난 2011년 남포동 카페거리에 첫 점포를 낸 지 1년 8개월여 만에 부산에 58호점을 포함해 서울 홍대 앞까지 진출하는 등 전국에 300여점을 넘기며 전국구 브랜드로 거듭났다.

〈봉구비어〉의 브랜드 모티브는 경기불황으로 지친 고객들과 예비 창업자들에게 희망을 주자는 것이었다. 고객에게는 힐링 감성을 제공하는 공간으로, 가맹점주들에게는 편리한 운영을 할 수 있는 시스템을 제공하는데 노력하고 있다.

가볍게 한잔! 스몰비어라면 역시 1인 창업의 대명사 〈봉구비어〉다. 거나하게 취한 사람을 보기 드문 시대. 바빠진 일상에 취할 여력도 없다는 평계도 있지만, 건강을 생각하고 알맞게 취한 그 느낌을 좋아하는 소비심리의 변화가 아무래도 한 몫 했다. 이런 추세에 맞게 등장한 수많은 스몰비어들. 그중에서도 기억해야 할 브랜드가 바로 〈봉구비어〉다. 전국적으로 상권 중심마다 자리 잡은 수많은 스몰비어전문점들과 달리 골목어귀면 상권을 모토로 고객과 만나고 있는 〈봉구비어〉는 흔들리지 않는 정책으로 신뢰를 담아 나가고 있다.

자신의 매장을 단골 가게로 만들기 위해 점포 사장들은 오늘도 부단하게 움직인다. 그런 노력을 비웃기라도 하듯 연이은 불황은 국내 개인사업자들의 고민을 한 아름 떠안게 했다. 그리고 더 안타까운 것은 그 불황의 끝이 보이지 않는다는 이야기가 곳곳에서 들린다는 점이다. 이런 사정을 뻔히 알고 있는 프랜차이즈 본사들은 너나 할 것 없이 소자본 창업에 맞는 아이템으로 재무장하기 시작했다. 2011년 부산 서면에서 시작한 〈봉구비어〉도 1인 운영체제를 앞세워 창업시장에 돌풍으로 떠올랐다. 가히 스몰비어 시대라고 칭할 수 있는 대목이다. 현재는 서울과 수도권 지역에 300여개 매장과 부산 100개, 영호남지역 300개 정도의 총 700여개 가량의 〈봉구비어〉가 오픈되어 있다.

1인 운영이 가능하고 점포에 방문한 고객들의 얇아진 주머니 사정을 고려한 메뉴 구성은 불황에 제법 어울리는 창업아이템이었고 그 반응은 즉각적이었다. 이제는 창업시장의 흥행의 예시로서 최고의 아이템이 된지도 오래다. 이런 반응을 통해 하나의 새로운 트렌드를 개척한 그들은 창업자들의 가려운 곳을 긁어주는 효자손 노릇을 톡톡히 해냈다.

아주 기본적인 프랜차이즈 본사의 롱런 조건이 있다. 바로 가맹점주가 돈을 벌어야 한다는 것이다. 동반성장, 상생, 같이(가치) 성장이라는 어려운 말보다는 쉽게 말해 가맹점주가 돈을 벌어야 한다는 게 가맹본사들의 가장 중요한 철학이 됐다. 이러한 전제 아래 〈봉구비어〉도 초심을 지키고자 했다.

3년 만에 700호점을 돌파하면서 본사도 지사도 숨 가쁘게 달려왔다. 그러면서 초심과 철학을 되새겨볼 만한 여유도 없었던 게 실제의 요즘이었지만 잠시 쉬어가는 듯 한 창업 열기에 다시 처음을 생각하게 되었다. 〈봉구비어〉가 10년, 20년을 보는 장기 레이스에 돌입한 이상 원래의 창업 의도대로 소자본 창업정신을 지킬 것을 강조했다.

〈봉구비어〉의 경우 골목상권에 들어서면서 임대료를 낮추고, 1인 체제로 운영 가능하도록 메뉴개발을 하고 있기 때문에 기본 고정비를 줄였다. 기본 고정비로 생긴 이익으로 좋은 제품을 고객에게 저렴하게 판매하는 것이 바로 〈봉구비어〉의 기본 원리이자 강점이 되었다.

비슷한 이름의 간판들이 우후죽순 생기는 것으로 유명한 스몰비어 시장에서는 과도한 경쟁이 불 보듯 뻔했다. 그리고 현재는 메뉴 개발이라는 이름으로 추가 비용(인건비, 재료비 등)이 들어가는 게 실제 현장의 이야기다.

맛있고 합리적인 가격의 맥주와 감자튀김의 궁합은 먹어본 사람이라면 안다. 이런 찰떡궁합을 정식 메뉴로 만들고 성공한 브랜드가 바로 〈봉구비어〉다. 거기에 인건비와 임대료를 줄이는 정책으로 인기를 끌었다.

〈봉구비어〉는 원조 격 스몰비어 브랜드로 인식됐다. 가맹사업을 하면서 언제나 '기본에 충실하자'는 가치에 맥주전문점은 맥주가 맛있어야 하고 안주가 맛있어야 한다는 주점 철칙은 〈봉구비어〉가 존재하는 한 계속될 것이다. 감자도 냉동감자가 아닌 생감자를 고집하는 이유 또한 원칙에 대한 이야기에서 시작된다.

감자뿐이 아니다. 감자, 맥주와 더불어 가장 신경 쓰고 관리하는 식재료가 바로 식용유다. 타 호프집이나 스몰비어에서 사용하는 대두유, 팜유, 혼합유 대신 발연점이 높은 100% 카놀라유를 사용하고 있다. 그러면서 자연히 튀김 요리들이 더 바삭하고 고소해졌다는 것이 〈봉구비어〉의 설명이다. 기름은 3일 단위로 교체하도록 했으며, 슈퍼바이저가 매장을 방문 할 때마다 산가측정기를 이용해 식용유상태를 확인한다.

한두 가지 예로 전부를 설명할 수는 없겠지만 사소한 부분을 어떤 방식으로 대처하는지 찾다보면 브랜드가 어떤 방향으로 성장하려 하는지 알 수 있다. 엄격한 관리로 꾸준한 성장을 이뤄내고, 고객들과 점주들에게 신뢰를 얻으면서 타 브랜드가 넘볼 수 없는 품격을 만들고자 노력하고 있다.

〈봉구비어〉가 줄기차게 외치는 게 있다. 바로 '건전한 주류문화를 이끌자는 것이다.〈봉구비어〉는 원조라는 특성상 시장 점유율이 높기에 타 스몰비어에서는 할 수 없는 방법으로 마케팅 및 사업 전략을 수립할 예정이다. 일련의 방법으로 사회적 책임감을 공유하며 조금 더 사회가 올바른 방향으로 나아갈 수 있도록 고민하고 있다. 최근에는 '취할수록 행복해진다'는 슬로건으로 한정판매 맥주의 판매수익금 일부를 기부금으로 전환해 사회에 도움이 될 수 있는 기부문화도 실천하고 있다.

맛있는 맥주와 감자튀김의 절묘한 조화, 1인 창업의 대명사 다운 저렴한 운영비용이 〈봉구비어〉의 자랑이며, 생감자 튀김과 깨끗한 생맥주, 건전한 주류문화 선도 기업이라는 특징이 있다.

4) 콜라보 브랜드의 약진 치킨 맛 〈바보스〉

세계적인 주류 소비국인 대한민국. 노소를 막론하고 음주를 즐기는 국민성은 주말과 주중 상관없이 즐겁게 모여 마실 수 있는 곳을 찾는다. 이런 문화가 치맥(치킨+맥주), 감맥(감자튀김+맥주), 피맥(피자+맥주) 등 안주와의 콜라보 문화를 만들어 냈다고 해도 과언이 아니다. 융합하고 섞는 문화에 익숙한 국내 고객들에게 어쩌면 콜라보는 새로운 마케팅이 아닐 수도 있겠다는 생각도 〈바보스〉의 성공을 보면서 확신하게 된다. 기존 (주)대대FC의 브랜드들의 장점만 섞어서 시장에 선보인 〈바보스〉. 치킨이 맛있는 맥주집 이야기는 지금도 진행 중이다.

바야흐로 융합과 창조의 시대다. 굳이 대통령의 결단을 여기까지 끌고 올 필요도 없이 시대의 요청이 그러하다. 창업시장에서도 업체 간의 콜라보와 협업은 글로벌 시대에서 필수가 된지 오래다.

전국에 70개의 매장을 보유한 〈바보스〉는 (사)한국프랜차이즈산업협회의 협회장인 조동민 대표가 설립한 (주)대대FC의 브랜드의 힘을 모아 생긴 브랜드로 더 유명하다. 시대의 흐름을 타고 넘실대는 창업시장이라는 대양에서 살아남고자 한 것이다. 그리고 각 브랜드들의 고유한 메뉴를 통해 창업 시장에서도 호평이 이어지고 있다.

특히 〈바보스〉는 치킨도 맛있고, 맥주도 맛있는 스몰비어로 기억되길 바라고 있다. 〈바보비어〉와 〈Mr. 면장〉, 〈꿀닭〉이 함께 모여 〈바보스〉만의 정체성을 완성시켰다.

기존 스몰비어 업체들의 한계점으로 여겨지던 단출한 메뉴구성을 뛰어넘고자 기획했다. 맛있는 치킨을 저렴한 가격으로 제공하고 기존 스몰비어와 같은 가격의 맥주로 고객들을 만나고 있는 것이다. 무엇보다 메뉴에 자신을 갖고 있으며 가격대비 훌륭한 메뉴를 기대해도 좋다. 두 명의 고객이 1만 원으로 간단하게 맥주를 즐길 수 있도록 해 고객들의 만족도가 높아져 단골 고객도 꾸준히 증가하고 있다.

스트레스와 외로움에 지친 현대인들에게 감성을 충전할 만한 곳이 절실하다. 감성을 충전하고 위로를 받기에는 진실한 대화만큼 좋은 약이 없다. 그리고 그런 진실어린 한마디는 술자리에서 종종 나온다. 이점에 착안해 감성충전소를 자처한 브랜드가 〈바보스〉다. 세련된 인테리어와 맛있는 음식 앞에서 모든 사람은 수다쟁이가 된다.

과거 시끄럽고 어두운 호프집들은 가벼운 음주문화를 즐기고자 하는 사람들이 찾기에는 무거웠다. 그 시대가 변해서 한 잔의 맥주를 먹어도 맛있는 안주와 함께 먹고 밝은 이미지의 공간을 원하는 고객들이 늘었다. 이런 점에서 스몰비어들이 히트를 치고 있다고 판단한 것이다.

2015년도 이런 스몰비어가 주점 창업의 주축이 되었다. 하지만 진입장벽이 낮은 탓에 대략 1000여개의 가맹점포들이 우후죽순 상권에 나타났고, 곱지 않은 시선도 덩달아 많아졌다. 더 이상 가격 경쟁으로는 윈윈할 수 없다. 결국 원래의 이미지에 +a가 필요하다고 본다. 〈바보스〉는 콜라보와 강력한 히트 메뉴 등 +a를 찾기에 부지런히 움직이고 있다.

도전하는 마음으로 20년간 프랜차이즈 업계를 지켜온 (주)대대FC의 의지대로 〈바보스〉의 약진이 기대된다.

합리적인 메뉴 구성과 시원한 맥주는 기성세대들에게 더 인기다. 최근에는 카페에서도 50대 이상의 모임이 늘고 있고, 비슷한 느낌의 인테리어로 젊은 세대들을 겨냥한 주점에도 스스럼없이 중년들의 발길이 이어지고 있다. 실제로 전국 매장을 보면 기성세대들의 만족도가 젊은 층에 비해 폭발적이며 단골로 이어지는 경우가 많다.

일단 2명이서 낮 시간에도 찾아와 1만원으로 간단하게 갈은 목을 축일 수 있기 때문이다. 할인행사를 하는 경우에는 더욱 많은 호응이 따른다.

슬플 때나 즐거울 때나 찾는 곳이 주점이기에 우수 창업아이템으로 빠지지 않고 등장하게 되는 주점 프랜차이즈. 하지만 스몰비어는 젊은 층만 타깃으로 삼고 있었던 점이 지적되면서 〈바보스〉는 동네 어귀마다 볼 수 있는 단골점포로 인식되고자 노력하고 있다. 누구든 언제나 찾아와도 한결같은 품격을 느낄 수 있도록 말이다.

'옛날통닭' 메뉴도 모든 세대가 즐길 수 있는 요인 중에 하나다.

과거 아버지가 사오시던 치킨을 기억하는 사람들에게는 그 향수를 생각나게 하고, 그런 경험이 없던 젊은 층에게는 새로운 추억을 심어줄 수 있기 때문이다.

어려워진 창업시장의 형편은 가맹점주가 움츠러들게 되는 주요인이 되고 있다. 특히 장기간 이런 현상이 지속되는 상황에서 예비창업주들이 기억해야할 것으로 첫째, 가맹본사의 물류시스템을 확인하고, 둘째 사업본부가 꾸준한 활동과 관리를 하고 있는지 확인해야 하며, 셋째 매출이 안 올라 어려울 때 지원을 어느 정도까지 할 수 있는지를 확인해야 한다. 또 개인 창업은 혼자서 문제해결을 도맡아야 하지만, 가맹사업을 하게 되면 어느 부분은 가맹본사가 떠안고 해결할 수 있기 때문에 부담이 적다.

〈바보스〉는 특히나 인간적인 관계를 중요시하는 브랜드로 알려졌다. 누군가 도움이 필요할 때 의지할 수 있는 본사가 되길 원하는 전직원의 지원은 가맹점주들의 불편사항을 현장에서 바로 해결할 수 있도록 직원들의 핫라인이 있어야 한다.

마케팅이나 홍보도 지역별로 현장에 맞도록 맞춤도 중요하다. 상권마다 다르고 지역마다 사정이 다 다르다는 것을 알고 그래서 일괄적인 본사 차원에서의 행사보다는 지역에서 원하는 행사를 그때그때 지원하고 매출을 높여야 한다. 말 그대로 현장의 필요를 가장 중요시해야 롱런하는 프랜차이즈 본사가 될 수 있음을 〈바보스〉는 실천하며 증명하고 있는 것이다.

최근 소자본창업 시장에서 가장 돋보이는 인기를 끌고 있는 아이템 가운데 하나는 스몰비어다. 물론 맥주의 수요가 줄어드는 계절인 겨울을 앞둔 현재 우려의 목소리도 점차 커지고 있다. 그러나 그 가운데 〈바보스〉는 '같은 옷, 다른 느낌'을 선보이며 또 다른 트렌드를 개척하고 있다.

최근 몇 년 새에 우후죽순 등장한 스몰비어 브랜드는 헤아릴 수 없이 많다. 저렴한 비용으로 부담 없이 즐길 수 있어 남녀노소, 특히 젊은 여성 고객을 중심으로 큰 호응을 얻은 결과다. 그러나 주력으로 내세우는 생맥주가 계절에 따른 수요의 변화와 단조로운 사이드메뉴에 대한 식상함과 유사한 인테리어 등은 머지않아 한계를 뛰어넘기 위한 해결책으로 '브랜드 콜라보레이션'을 선보였다.

〈바보스〉는 닭강정전문점 〈꿀닭〉을 운영하는 (주)대대에프씨에서 론칭한 스몰비어 전문점 〈바보비어〉를 모태로 탄생한 콜라보레이션 브랜드다. 기존, 〈꿀닭〉과 〈바보비어〉, 오리엔탈 면 전문점 〈Mr. 면장〉이 한데 모아 식사와 호프, 간식 등의 다양한 고객의 니즈와 욕구를 일거에 충족시켰다. 현재 스몰비어 브랜드는 본사가 R&D 능력이 부족하면 오래 가지 못한다. 이에 대한 해결책이 바로 〈바보스〉

다. 즉, 메뉴에 대한 고객들의 식상함이 언제부터 시작될 것인지, 계절성 문제는 어떻게 극복할 것인지, 높은 임대료는 물론 영업외 시간에는 어떠한 대안이 있는지에 따라 전망이 달라질 것이라는 데에서 탄생한 것이다.

현재 〈바보스〉는 직영점 포함 전국에 30여개 점포가 오픈됐다. 부평 송내점을 기점으로 출시한 이래 무척이나 빠른 행보다. 이는 예비창업자들의 스몰비어 아이템에 대한 니즈와 장기적인 비전을 제시한 〈바보스〉가 만나 시너지 효과를 일으킨 셈이다. 단적인 예로 현재 오픈한 다수의 매장이 기존 〈꿀닭〉을 운영하던 가맹점주가 리뉴얼 오픈한 케이스가 많다. 〈바보스〉라는 브랜드 아래 기존의 〈꿀닭〉 단골손님은 물론 스몰비어를 갈망하는 신규 고객까지 유입함에 따라 매출이 기존 대비 두 배 이상 신장하는 등 호조세다.

무엇보다 고무적인 사실은 입지에 있다. 애당초 본사는 〈바보비어〉를 론칭하면서부터 골목상권에서도 경쟁력이 있음을 알리기 위해 임대료가 낮은 B급 이하 상권으로만 직영점을 배치했고, 결과는 가히 성공적이었다. 게다가 콜라보레이션 브랜드 〈바보스〉로 한층 업그레이드 하자 근간의 과정을 지켜봐온 기존 〈꿀닭〉 가맹점주들이 먼저 움직였다.

지방에 한 가맹점의 경우 39.6㎡(12평) 규모의 매장에서 일일 40

여만원의 매출을 기록하며 안정적인 수입을 올리고 있어 본사가 추가적인 투자대비 비효율적일 수 있다는 이유로 반대했음에도 불구하고 전환을 강행했을 정도다. 결과적으로는 현재 70~80만원으로 매출이 상승하며 본사의 우려를 불식시킨 성공사례로 남았다.

탄탄한 본사 지원에 성공을 확신하는 〈바보스〉는 66㎡(20평) 가량의 규모로 점포비 포함해 1억~1억2000만원 정도의 창업비용을 제시한다. 세부적으로는 점포비를 약 5000~7000만원, 기타 창업비용이 5500만원 정도라는 설명이다. 즉, 비용절감을 통한 가맹점주의 수익을 극대화시키기 위함이다. 이에 대해 무권리 입지를 찾아 활성화시키는 전략을 취하고 있다.

이 같은 전략이 가능한 데에는 본사의 오랜 노하우와 정보를 바탕으로 충분한 부동산라인이 갖춰져 있기 때문이다.

또 〈바보스〉는 임산부를 위한 200㎖ 전용잔을 비치해 1000원에 판매하는 등 이색적인 서비스도 제공하고 있다. 또한 매장 내 금연을 지향함으로써 가족단위 고객도 유인하는 효과를 얻었다. 〈바보스〉는 맥주라는 아이템의 계절적인 한계를 넘어서 100년 장수브랜드로 나아가고자 탄생한 브랜드로 당장 직면할 겨울을 대비해 탕 메뉴와 사케 등을 도입하는 등 다양한 시도를 멈추지 않고 있다.

1억원의 창업 성공사례로 〈바보스〉는 송내점을 추천해 왔는데, 이곳의 점주는 하우스맥주 전문점을 창업하기 위해 학원을 다니며 공부하던 찰나 〈바보스〉를 방문하게 됐다. 그리곤 한번 맛보고 다음날 바로 홈페이지를 검색해본 후 창업을 결심했다. 이후 기타 여러 브랜드를 비교했는데 〈바보스〉가 인테리어는 물론 메뉴 종류도 많을뿐더러 더 맛있었다고 한다.

총 창업비용과 현재 매출에 있어서도 사실 〈꿀닭〉을 운영하다가 〈바보스〉로 업종전환한 점포를 기존 점주가 사정상 매각한다 하여 바로 인수하였고, 인수금액은 점포비 포함해 1억원이 조금 못 미쳤다. 일 매출은 평균 약 100~120만원 정도를 기록 중이다. 신기한 점은 〈꿀닭〉 매출이 30%에 이른다는 점이다. 기존 단골은 물론 안주 메뉴로도 상당히 인기다.

처음에는 스몰비어 브랜드가 롱런하기 힘들다며 다들 만류했다. 그러나 〈바보스〉는 충분히 경쟁력 있다고 느꼈다. 본사에서 계속해 신메뉴를 출시해 미처 다 들여 놓지 못할 정도로 지원이 탄탄해 더욱 믿음이 간 것이다. 우선 먼 미래를 바라보기보다는 본사의 지원을 적극 활용해 당장 다가오는 겨울을 넘어 롱런의 기반을 마련했다는 점이 주효했다.

〈바보스〉의 강점은 가격대비 풍성한 메뉴 구성과 불황에 적합한 지원 시스템이 완비돼있다는 점이며, 콜라보 점포로 개성있는 스몰

비어, 18년간의 프랜차이즈 노하우가 결집돼있다는 특징을 가지고
있다.

5) 세계맥주전문점 탭하우스 맛있는 맥주 〈와바〉

최근 새로운 모습으로 세계맥주계의 강자의 자리를 굳건히 지키고
있는 〈와바〉는 지난 15년간 맥주에 대한 자부심과 승부수로 수많은
난관을 이겨낸 브랜드다. 그리고 현재 수제 맥주와 크래프트 비어를
통해 한층 더 마니아들의 기호를 맞춰가며 불황에 정면으로 도전하
고 있다. 스몰비어의 강세에도 여전히 수제맥주와 품질 높은 세계맥
주를 찾는 이라면 〈와바〉를 기억할 정도로 자신만의 아우라를 확실
하게 표현하고 있다. 기존 매장의 지속적인 관리는 물론이고, 설비투
자에 앞장서 리브랜딩을 차근차근 진행하고 있어 더욱 주목된다.

이 브랜드는 수제맥주를 통해 고유한 브랜드 파워를 형성하고 손
님에게 맥주 교육을 한다. 직원이 테이블 앞에 한참이나 서있다. 고
객들이 주문을 하는 동안 서있는 게 아니라 고객이 원하는 바를 예
측해 그에 맞는 맥주를 골라주고 설명하느라 그런 것이다. 최근 탭
하우스 〈와바〉로 리브랜딩한 이후 점포에서 쉽게 볼 수 있는 장면
중 하나다. 맥주에 대한 대표 이하 직원들의 한결같은 애정은 지금

의 세계맥주전문점이라는 호칭이 아깝지 않을 정도로 〈와바〉의 정체성을 다시 한 번 더 알도록 했다. 현재 〈와바〉에서는 15종에 이르는 크래프트 맥주와 수제 맥주가 판매되고 있다.

'탭하우스'란 크래프트(Craft), 드래프트(Draft) 맥주를 따르는 탭핸들이 여러 개 모여 있어 다양한 맥주를 전문적으로 즐길 수 있는 공간을 의미한다. 참고로 더 설명하면, 크래프트 비어는 양질의 홉 등을 전통적 양조 방식을 이용해 만든 마이크로 브로이의 소량 생산 수제맥주를 뜻하고 드래프트 비어는 프리미엄 맥주로 보통 세계 여러 곳에서 파는 생맥주를 생각하면 된다. 맛있는 맥주를 원한다면 탭하우스 〈와바〉를 찾는 것도 좋은 방법이다.

이러한 사소한 맥주에 대한 지식부터 고객이 원하는 바를 콕 집어 설명하다 보면 직원들의 만족도나 고객들의 만족도가 동시에 높아지는 효과가 있다. 실제로 이런 모습으로 고객들을 대하고 난 후 여성 고객들이 더욱 많아졌다. 맛에 대한 욕구나 호기심이 남성 직장인 고객보다 왕성한 듯 하다. 이는 새로운 시스템을 도입하고 난 후 달라진 고객 반응이다.

맛과 청결한 위생을 필연으로 생각하고 있는 현재 탭하우스 〈와바〉 직영점은 매장 오픈에 앞서 정기적으로 노즐 관리를 하고 재고가 쌓이지 않도록 3~4일 안에 맥주 출고량을 결정한다. 취급하는 맥주의 카테고리가 다양해 그 종류별로 청소하는 법이 다르다. 에일 계열의 맥주는 더 자주, 청결하게 하고 흑맥주 같은 경우에는 별도의 약품으로 깨끗하게 소독하기도 한다.

그리고 버블킵 같은 경우도 완전 분해해 정기적인 관리를 한다. 그래서 당일 오픈 전에 모든 맥주의 상태를 매니저들이 직접 맛을 보고 관리 상태를 체크한다. 만약 맘에 들지 않는 상태라면 전체 맥주를 반품하는 한이 있더라도 반드시 최고의 맥주 상태를 유지하고 있다.

일반 파트타이머 직원들에게 청소하는 법을 직접 시연하며 알려주지만, 맛을 보고 상태를 파악하는 건 매니저들이 직접 하는 것을 원칙으로 한다. 일정한 품질 관리가 고객들과의 신뢰를 지키는 기본이라고 생각하기 때문이다.

물론 그 과정이 쉬운 것만은 아니다. 입고되는 생맥주의 날자와 상태를 매일같이 체크하고, 15종의 맥주 특성을 각각에 맞게 관리하는 것이 한 종류의 생맥주를 파는 일반 호프집과는 차원이 다르기 때문이다.

차별화된 투자로 가맹점주의 부담을 최소화하기 위해 생맥주는 관리하는 정도에 따라 그 맛이 크게 달라진다. 맥주의 발효에 의한 맛의 차이가 큰 탓에 생맥주를 취급하는 호프 전문점들은 노즐 및 재고 관리에 특별히 신경을 써야한다.

대부분의 호프전문점들과 다르게 급속 냉동방식을 과감히 포기하고, 별도의 냉장 시스템을 완성했다. 고급 생맥주는 냉장 유통되기 때문에 매장 내에서 실온 보관하는 것을 금하고 있다. 특별히 고안된 '워크인쿨러'에서 영하 5℃로 신선도를 유지하고 있다는 것이 탭하우스〈와바〉만의 특징이다.

특히 생맥주는 4일 안에 소비가 안되면 그 맛이 변하기 시작한다. 개인업주들에게 유통기한이라는 한계는 장사를 하는데 큰 걸림돌이 된다. 그래서 탭하우스〈와바〉는 이러한 가맹점주들의 고충을 함께 짊어졌다.

최근 새롭게 도입된 '워크인쿨러'는 매장 한켠에 신선한 맥주를 저장할 수 있는 공간으로 저장하는 단계에서부터 온도를 조절해 고급 생맥주가 실온에 있는 시간을 최소화했다.

자연히 유통기한도 늘어났다. 설치하는데 더 많은 비용과 시간이 들어가지만 고급 생맥주를 파는 전문점으로서 갖춰야할 설비 중 하나다. 그래서 본사에서도 리뉴얼을 원하는 기존 〈와바〉매장에 무상으로 설치를 권장하고 있다. 때문에 기존 〈와바〉가맹점주 중에서 리뉴얼을 원하고, 공간적인 필요조건이 맞는다면 본사에서 전액 설비를 지원한다.

고객감동과 브랜드 정체성을 이뤄낸 탭하우스〈와바〉는 분기별로 '알고 마시면 더 즐거운 세계맥주' 라는 주제를 내세워 '세계맥주 Beer Talk' 를 진행하고 있다. 겨울에는 '맥주의 천국-벨기에 편' 을 개최했다. 특히, 벨기에 편 비어토크에는 주한 벨기에 대사관에서 특별히 강의에 참여했다. 또한 비어토크 강연 및 28종의 벨기에 맥주 시음, 푸드페어링으로 세계맥주 문화까지 선도하는 브랜드로 성장하고 있다.

겨울 시즌을 맞이할 때 온 가족하며 친구들이 함께 즐길 수 있는 겨울 시즌 메뉴(크랜베리 숙주삼겹살, 가마보꼬 오뎅탕 등을 선보였으며, 특히 크랜베리 숙주삼겹살은 많은 고객들이 찾는 인기 메뉴로 떠오르고 있다.

대체로 큰 매장 크기와 규모 있는 초기 투자는 근래 유행하고 있는 스몰비어에 비해 부담될 수도 있지만, 기존의 〈와바〉를 운영했었던 가맹점주들은 꽤 괜찮은 선택이 될 수 있다고 입을 모은다. 그리고 많은 매체들도 탭하우스〈와바〉의 새로운 시도를 긍정적인 시선으로 바라보고 있다. 한국 맥주 문화의 선진화를 주창하며 선도한 (주)인토외식산업은 앞으로도 새로운 메뉴와 더욱 다양한 세계 생맥주를 도입해 국내 맥주문화의 고급화를 이어가고 있다.

본사와 가맹점 간의 선순환 구조를 만들기 위해 2000년부터 〈와바〉라는 브랜드를 이끌면서 (주)인토외식산업은 '시장을 따라 변화하는 것이 아닌, 시장을 변화시키는 브랜드'가 되는 것을 운영철칙으로 삼았다. 수익을 올리기 위해서는 지속적인 투자가 필요했고, 다양한 이벤트를 통해 브랜드를 알리면서 브랜드 가치는 물론 가맹점의 매출도 상생시킬 수 있었다.

6년 연속 '올해의 브랜드 대상'에 선정됐지만 여기에 만족할 수는 없었다. 젊은 프랜차이즈 CEO들이 많아졌고, 새로운 브랜드도 많아지면서 부족한 점을 채워야 한다고 생각한 것이다. 그래서 만든 것이 〈와바〉를 리뉴얼한 〈와바탭하우스〉다. 수제 맥주가 인기를 얻고 소비자들의 입맛이 고급화되면서 〈와바〉를 리브랜딩하여 〈와바탭하우스〉로 새롭게 출시한 것이다. 이미 맥주를 좋아하는 고객들 사이에서는 이제 〈와바〉를 떠올리면 수제 맥주, 탭하우스 등이 떠오른다고 할 정도로 마니아가 많다. 따라서 더 많은 소비자가 〈와바탭하우스〉를 찾도록 하는 것이 궁극적인 목표이기도 하다.

〈와바〉는 100년 가는 브랜드 만들기를 제1의 목표로 하고 있다. 일반 호프집에서 만날 수 없는 스타일리쉬한 메뉴도 〈와바〉가 롱런 브랜드가 될 수 있었던 이유 중 하나다.

탭하우스〈와바〉의 자랑은 정통 세계맥주의 맛볼 수 있다는 것과 리뉴얼(워크인쿨러 시스템) 본사 무상제공이 된다는 점이며, 15년간의 수제맥주 고집, 맛으로 승부를 하며, 직원들의 풍부한 맥주지식으로 고객 만족을 이룬다는 특징을 가지고 있다.

6) 국내 정통 호프의 산실 터주대감 〈치어스〉

프리미엄 레스펍을 지향하는 〈치어스〉는 지난 16년간 호텔급 메뉴를 통해 넓은 매장에서 고객들의 방문을 기다리고 있다. 불황을 타개할 만한 계기를 찾는 예비 창업주들에게 꾸준한 러브콜을 받고 있는 이유도 기존 호프집과 다르게 밝은 인테리어와 쾌적하게 운영 중인 매장들이 가족단위 손님들도 쉽게 발을 들여놓을 수 있기 때문이다. 밤낮 가리지 않고 맥주잔을 부딪칠 수 있고, 배를 채울 수 있는 〈치어스〉는 2001년 분당에 문을 연 이후 멈추지 않고 그 행보를 거듭하고 있다.

뚝심의 브랜드로 창업시장의 아성을 넘보고 있는 〈치어스〉는 요즘의 창업자들은 안전하고 꾸준한 창업을 원한다. 자본의 여력이 부족한 요즘 맘 놓고 투자할 만한 브랜드를 찾지 못해 안달이다. 조심스럽지만 자신에게 어울리고 쉽게 일을 배울 수 있으며 본사의 꾸준한 지원이 있다면 투자할 용의가 생긴다는 게 창업시장의 중론이다. 프랜차이즈 〈치어스〉는 이러한 요구에 즉답을 할 수 있는 몇 되지 않는 브랜드다. 외식 프랜차이즈 창업은 쉽지 않다. 하지만 지난 16년간 〈치어스〉가 닦아놓은 시스템과 매장 운영 경험은 주방의 노동 강도를 줄여주고, 홀 운영에 관한 노하우를 전수해줌으로써 조금이나마 고민을 덜어드리고 있다.

스몰비어가 대세인 시대를 경험하고 있고 많은 수입브랜드가 흥왕하던 시기를 묵묵히 지켜보았던 〈치어스〉. 유행에 민감한 대한민국 창업시장에서 곁눈질 없이 한길을 걷는 것이 말처럼 쉬운 일이 아니다. 뚝심이란 이럴 때 쓰는 말이다. 이런 뚝심으로 현재까지 400여 개 가맹점을 오픈했고, 직영 물류 센터와 식품 제조 공장 운영하면서 체계적인 물류 시스템도 갖추고 있다. 백 마디 말보다 실천이 중요한 듯 롱런하는 프랜차이즈 본사를 찾기 힘들어진 요즘 이미 오랜 시간 시장에서 검증 받은 브랜드를 선택하는 게 여러 가지로 이로워 보인다.

점주들의 마음을 잘 아는 현장형 브랜드를 위해 아무래도 주점은 밤늦게까지 운영하다 보니 전문적인 인력은 고사하고 점주와 같이 주방이나 홀을 지켜줄 점원 구하기가 하늘의 별따기다. 그렇다고 맘 놓고 오랜 시간 같이 의기투합할 인력을 원하는 점주들 입장에서는 오죽하겠는가? 처음으로 주점 창업을 하는 창업자들에게는 더욱 본사의 지원이 절실해진다. 하지만 본사의 입장에서도 그 많은 가맹점에 전문 인력을 100% 지원하기란 쉽지가 않다. 그렇게 되면 점주들의 요구는 요원해지기 마련이다. 〈치어스〉는 그래서 주방인력을 직접 본사에서 지원한다. 말처럼 쉬운 제도는 아니다. 상시 100여명의 주방인력을 본사에서 컨트롤해야하기 때문이다.

말처럼 쉽지 않은 게 또 있다. 바로 정확한 고객 설정과 상권 분석이다. 〈치어스〉는 이런 점에서 다년간의 노하우가 집약돼있는 몇 안 되는 국내 프랜차이즈다. 가족을 중심으로 한 20대에서 60대에 이르기까지 다양한 계층을 목표고객으로 삼은 〈치어스〉는 주 5일 근무제 및 이웃, 가족과 여유로운 한때를 즐길 수 있는 장소로 안성맞춤이다.

특히 70여 가지 호텔급 안주는 어느 고객층이나 원하는 메뉴를 고를 수 있도록 했고, 전문 주방 인력이 동일한 퀄리티를 유지할 수 있도록 제도화 했다. 거기다 세련된 인테리어는 카페에서의 휴식기간이 익숙한 고객들에게 이질감을 느끼기 어렵게 했다. 곧 커피가 아닌 맥주 한잔으로 대화를 나눌 수 있도록 자리를 마련한 것이다.

16년간의 내공을 가지고 가맹점과 상생에 주력하기 위해 본사를 내실 있게 운영한다는 것은 결국 이직을 최소화하고 브랜드에 최적화된 직원을 다수 보유하고 있느냐에 달려있다. 그런 면에서 〈치어스〉는 좋은 점수를 받고 있다. 일순간에 흔들리는 브랜드는 아니다.

직원들도 스스로가 배우려는 자세로 1년 이상 지내고 가맹점주들에게 칭찬을 듣고 있다. 보통 1년을 버티면 3~5년까지는 무리 없이 함께한다.

이런 내실의 혜택은 결국 가맹점주에게 돌아간다. 결국 프랜차이즈라는 것이 가맹점주가 수입을 얻어야 운영이 되는 방식이기 때문에 모든 포커스는 가맹점주와 소비자들의 관계에 있다.

예비창업자들도 정보공개서라든지 오픈된 내용을 통해서 브랜드를 검증하는 단계다보니 본사입장에서는 더 이상 숨길 수가 없는 단계에 들어왔다. 단지 예비창업자들은 자신이 선택하고자하는 브랜드가 신뢰를 얻기 위해 어떤 일을 해왔고, 기존 가맹점주들의 생각이 어떤지 들어보는 게 중요하다고 이 부사장은 덧붙였다. 점주들과의 상생을 위해 본사는 신규 오픈 교육을 8일간 진행한다. 이론교육과 매장 관리요령 및 세무·회계 업무 까지 거치고 나면 나머지 6일간은 본사 직영 매장에서 실습위주의 교육을 진행한다. 오픈부터 마감까지 모든 점포 운영에 필요한 내용을 점검받고 체득하도록 하는 것이다.

수백 개의 개점보다 하나의 폐점도 없게 한다는 신념으로 불황에 있어 본사의 든든한 지원과 버팀은 창업을 고려하는 가맹점주들에게 어쩌면 절묘한 도움이 될 수도 있어 중요하다. 〈치어스〉는 현재 소자본 창업자들을 위해 1000만원에서 3000만원의 창업자금을 무이자·무담보로 지원하고 있다. 이런 지원 사업은 결국 가맹점의 성공적인 운영을 뒷받침하고자 하는 의지의 표현이 된다.

지난 16년간의 숱한 위험 속에서도 자리를 지킨 브랜드답게 가맹점 관리에도 남다른 전략이 있다. 손님으로 가장해 매장 관리 상태를 확인할 수 있는 '미스터리 쇼퍼' 제도가 그것이다. 가맹점의 현실을 낱낱이 볼 수 있는 장점이 있기에 가맹점주에게는 말하지 않고 방문하는 〈치어스〉는 악성 지점인 곳에서 뜻하지 않은 소석도 듣는다.

즉 본사에서는 소문이 좋지 않게 나는 곳을 먼저 찾아가서 문제점을 파악한다. 그런데 그곳에서 '이왕 호프집 창업할거면 그나마 〈치어스〉가 양심적'이라는 대답을 들었다는 것. 그 이야기를 듣고 평소 우호적이지 않던 가맹점도 본사에 대해 이렇게 판단하는 것을 알게 됐다고 한다. 현재 잠시 주춤했던 시장 상황과 맞물려 고생한 시간도 있었지만 기존 매장에서 꾸준한 매출을 올리다 보니 본사에서도 큰 무리는 없다고 한다. 그리고 국내 시장에서 〈치어스〉라는 브랜드가 성장할 때까지 품질관리에 주력하고 단계별로 진출할 계획을 가지고 있다.

〈치어스〉의 강점은 남녀노소가 언제나 편안하게 방문할 수 있으며 든든한 본사의 지원시스템을 갖추고 있다는 점이며, 전문 주방인력의 지원으로 걱정을 덜고 16년간 정통호프만의 개성을 유지하고 있다는 특징을 갖는다.

2. 호프 · 스몰비어 신생브랜드의 틈새 성공 전략

1) 벨기에식 감자튀김과 맥주 〈폼프리츠〉

하루의 피로를 풀어주는 작은 펍 〈폼프리츠〉는 작은 매장으로 시작해 탄탄한 프랜차이즈를 일군 사례다. 이곳 대표는 유럽 여행 중 작지만 운치 있는 펍에서 간단한 안주와 생맥주 한 잔을 놓고 하루의 피로를 푸는 유럽 사람들의 모습을 인상 깊게 봤다. 그 때 발견한 것이 두툼하면서도 바삭한 벨기에식 감자튀김이었다. 저렴하면서 맥주와 환상의 조화를 이루는 최적의 메뉴였다. 조리방법이 간단하고, 부담 없는 가격으로 승부할 수 있는 소자본 창업 아이템을 염두에 두고 있던 대표는 이것에서 아이디어를 얻어 한국에 돌아와 창업에 접목시켰다. 2010년 4월, 수원 아주대 뒷골목에 벨기에식 감자튀김과 크림생맥주, 그 외 간단한 안주들을 부담 없는 가격으로 판매하는 작은 펍을 연 것이다. 이것이 크게 히트를 치면서 입소문을 타기 시작했다. 처음엔 프랜차이즈를 생각지도 않았다. 개인 점포가 인기를 얻으며 점차 매장을 내달라고 찾아오는 사람들이 줄을 이었지만 모두 거절하고 물류, 소스 개발, 상품 개발 등에 대한 준비를 먼저 갖췄다. 가맹사업을 시작한건 2012년부터다.

'폼프리츠(pomme frites)'는 불어로 감자튀김을 의미한다. 브랜드 네임으로 내건만큼 감자튀김에 대해 가장 자신감을 보인다. 감자는 벨기에, 네덜란드 지역에서 직접 공급받는데, 생감자를 깎아 슬라이스한 것을 급속냉동해 제공받는다. 〈폼프리츠〉에서 사용되는 감자는 원산지에만 공장이 8개 넘게 있다.

아늑하고 운치 있는 공간이 〈폼프리츠〉의 강점이며, 벨기에식 감자튀김과 크림생맥주, 부담 없는 가격이 특징이다.

2) 외식과 주점, 치킨과 맥주 〈사바사바치킨&비어〉

철저하게 매스티지 개념을 도입, 고품격을 외치는 감성주점 〈사바사바 치킨&비어〉. 치킨을 필두로 대중들의 입맛을 공략하며 히트메뉴 제조 브랜드로도 그 유명세가 자자하다. 몇 년에 걸친 경제 불황은 자연스럽게 투자대비 높은 수익성이 더욱 절실해졌고, 그에 많은 프랜차이즈 본사들이 대책을 내놨다. 그 중 〈사바사바 치킨&비어〉는 치킨과 맥주라는 전통의 강호를 들고 시장에 진입, 성공적인 브랜드로 안착했다. 이들 특유의 젊은 기운과 브랜드 자체에서 주는 친근함으로 대중들의 이목을 집중시켰고, 창업시장의 파트너로서 신뢰를 받고 있다.

저가형 이미지 탈피와 매스티지로 불황을 탈출하기 위해 영원한 인기 스타가 없는 것처럼 한번 정상을 밟아본 브랜드라도 내려오기도 하는 곳이 창업시장이다. 그래도 상위권에서 15년간 브랜드를 유지하고 가맹사업을 지속시킨 본사에는 나름의 노하우가 축적되어 있다. 비록 처음 시작은 저가형 브랜드로 인식되었지만 지금은 고수익 모델을 창출하면서 새로운 트렌드를 수용한 〈사바사바 치킨&비어〉는 이런 롱런 브랜드로 변모했다. 그러면서 소비자의 까다로워진 검증 조건을 만족시키기 위한 나름의 시스템도 완비 했다. 일련의 과정 속에는 브랜드 리뉴얼을 통한 시의적절한 변신이 숨어 있고, 앞으로의 변신도 꾸준한 가치 창출을 통해 이뤄낼 예정이다.

(주)마세다린은 창업지원이 튼튼한 것으로 유명하다. 철저한 교육 메뉴얼이 그렇고 전문인력을 통한 슈퍼바이징이 그렇다. 특히 창업 초반 무자본으로 가맹사업을 시작했었던 패기어린 도전과 이후 100호점 돌파까지의 저돌성 밑에는 체계적인 사업 확장 계획이 있었다.

물류시스템도 본사가 성장하는데 큰 밑거름이 되었다. 직영공장을 세우고 최첨단(HACCP인증) 제조·유통 물류시스템으로 품질에 대한 의구심을 걷어냈다. 그리고 가장 중요한 것은 이 모든 과정은 결국 가맹점주와 함께 성장하고픈 본사의 철학이 있었기에 가능했다는 점이다.

한 곳에서 오래 머물 수 있는 공간이 필요한 시대. 여러 곳 돌아다니며 전문점을 찾아가는 것도 한 가지 여흥을 즐기는 방법이 될 수 있지만, 아무래도 한곳에서 흐름을 이어가는 게 우리 문화와 어울려 보인다. 그러기 위해서는 각기 다양한 요구를 만족시켜야 하는 어려운 과제가 남게 된다. 〈사바사바 치킨&비어〉는 매장 인테리어로 눈을 즐겁게 하고 맛으로 다시 한 번 만족시킨다.

복합문화 공간과 매스티지 개념은 시대적 요구를 캐치, 외식 시장에 필수요소로 등장케 한 것이다. 수려한 공간 연출은 점포를 찾는 고객들에게 현대적인 감각을 선사하고, 치킨으로 중무장한 메뉴들은 시원한 맥주와 궁합이 잘 맞는다. (주)마세다린이 운영하는〈사바사바 치킨&비어〉는 2003년 론칭했다. 국내에서 '파닭치킨'으로 치킨업계의 판을 흔들더니 그 인기를 등에 업고 가맹사업을 시작했다. 결과는 대박. 치킨과 맥주라는 국내 외식의 강자로 수많은 경쟁자들과 어깨를 나란히 하고 있는 것이다.

현재 〈사바사바 치킨&비어〉는 100% 국내산 신선육을 사용하고, 오랜시간 동안 축적된 염지기술로 냉장·숙성시켜 품질의 우수성을 보장하고 있다. 또한 한국인의 입맛에 맞게 개발된 특제 소스는 특허를 인증 받아 차별화된 메뉴로 각광받고 있다.

가맹사업의 핵심은 교육사업으로 시스템과 교육, 프랜차이즈 사업에서 놓치면 안 되는 부분이다. 특히 가맹점주의 경우 본사를 통해 고객 확보에 필요한 효과적인 마케팅 수단을 공유하고, 교육을 통한 서비스 마인드와 경영 및 서비스 전략 등을 보완하게 된다. 사업 초반부터 직원들의 자발적인 교육의지는 우수한 브랜드를 만드는데 초석이 되기도 해 그 중요성은 두 말할 필요 없다. 아무리 본사의 관리 및 물류·유통 능력이 뛰어나도 실제 가맹점에서 이를 소화하지 못하면 창업의 실패는 자명한 현실이 된다.

따라서 프랜차이즈 본사는 그 방침에 따라 가맹점을 운영할 수 있는 가맹점주를 길러내야 하고 그 역할은 교육시스템이 담당하게 된다. 본사는 현재 슈퍼바이저, 교육담당자, 상품 개발자는 물론 전직원들이 모두 프랜차이즈 교육을 받고 있으며, 전사적인 지원이 가능하도록 훈련받고 있다. 그래야만 가맹점주들을 만났을 때 동일한 본사의 정책이 수립이 되며, 어느 매장을 가도 같은 품질의 서비스를 제공할 수 있기 때문이다.

〈사바사바 치킨&비어〉는 전문 슈퍼바이저를 통해 영업, 마케팅, 조리 및 서비스 교육 등 가맹점의 체계적인 점포운영과 매출증대를 위해 다양한 정책을 지원하고 있다. 본사는 슈퍼바이저 지원자들에게 6개월에 걸친 교육과정을 통과해야 하는 의무를 부과했고, 결과 역정적인 슈퍼바이저가 탄생하게 된다.

주점창업은 결국 고객을 이해하는 것이라는 모토아래, 모든 창업에 있어서 소비자 즉, 내점 고객들을 얼마나 이해하고 있느냐는 중요한 부분이다. 하지만 오랜 창업아이템은 주점의 경우 그 이야기가 좀 더 구체적이어야 한다. 고객층이 확실하게 나뉘어져 있기에 그렇다. 현대적인 인테리어와 음악으로 꾸며진 주점은 젊은 고객들이 찾기에 안성맞춤이다. 같은 브랜드라도 상권별로 고객을 세분화하고 이에 맞춘 대응이 필요하다. 그만큼 본사의 경쟁력과 분석능력, 전략이 중요하며, 매장마다 동일한 분위기가 만들어지도록 해야 하는 것이다.

〈사바사바 치킨&비어〉는 이러한 점에서 고객 타깃팅과 전략이 우수하다. 사회적 변화를 유연하게 받아드리는 전사적인 자세도 그렇지만 아무래도 현장의 요구나 변화를 빠르게 파악하는 점이 젊은 고객들과의 접점을 늘리는 최고의 방법으로 지목된다.

캐주얼 감성주점이라는 큰 틀 안에서 인테리어, 메시지, 메뉴 등

지속적인 변화를 시도하는 것이 핵심이다. 늘 에너지 넘치는 매장 분위기를 유지하도록 본사에서도 지원을 아끼지 않고 있다.

〈사바사바 치킨&비어〉의 자랑으로는 고품격 치킨과 시원한 맥주, 그리고 매스티지로 대중성과 고수익을 기대할 수 있다는 점을 꼽을 수 있으며 오랜 시간 축적된 업계기술로 우수한 품질을 보장하고 가맹점의 체계적인 정책과 교육지원을 받을 수 있다는 특징을 가지고 있다.

3) 바보같은 가격, 친근한 사랑방 같은 공간! 〈바보비어〉

보스바비큐와 꿀닭 등을 운영하고 있는 대대에프씨에서 론칭한 〈바보비어〉는 가격파괴 생맥주전문점이다. 친근하면서도 독특한 브랜드명은 '바보'라는 스토리 주제를 가지고 브랜드 콘셉트를 풀어낸 것이 특징이다.

가장 대표적인 것이 바로 저렴한 가격이다. 바보비어에서는 크림생맥주를 2500원이라는 파격적인 가격에 제공하며 안주도 3800원~4900원선으로 책정했다. 성인 두 명이 매장에 방문해도 테이블단가가 채 만 원을 넘지 않는 파격적인 가격이다.

메뉴 역시 맥주에 어울리는 간편 안주류로 구성되어 있다. 주요 메뉴는 간편 안주류 가라아케, 치즈&고구마볼, 스노우카사바칩, 닭가슴살샐러드, 소시지&포테이토, 노가리, 버터갈릭포테이토, 새우튀김, 떡갈비 등이며 3800원과 4900원으로 나눠 균일가에 판매하고 있다. 맥주 역시 생맥주 외에 세계맥주도 저렴하게 판매하고 있다.

바보비어의 또 하나의 특징은 편안함과 휴식을 주는 아늑한 힐링 공간 콘셉트의 인테리어다. 바보비어는 한국식 선술집을 표방하는 인테리어 구성으로 검은색 반투명 유리와 화산석 건축 자재로 실내 벽을 장식해 고급스러우면서도 정감어린 공간을 제공한다. 매장 곳곳에 아기자기하게 꾸며놓은 명언 쪽지나 유머, 재미있는 사진 등을 소품처럼 진열해 놓은 것도 고객들이 바보비어 매장을 친숙하게 느끼는 요소 중 하나다. 또한 대학가, 주택가, 오피스 상권 등 각 상권에 따른 맞춤 인테리어를 제공하는 것도 특징이다.

가격을 추구하는 대학생이나, 오피스가의 경우 친근하고 편안한 장소를 원하는 30~40대 직장인들에게도 어필하고 있다.

골목상권에서도 성업 가능한 브랜드를 위해 바보비어 인천 임학점을 운영하고 있는 점장은 바보비어의 운영 장점으로 일반 맥주전문점의 상식을 깨는 운영방식이라고 말한다.

대부분의 맥주전문점이 9시 이후의 2차 고객인데 반해 바보비어는 낮 시간에도 가볍게 맥주를 즐기려는 고객들이 방문한다. 싱글족들이 많아지는 사회분위기에 따라 혼자서 외식하는 고객들이 늘어나고 있는데, 혼자 방문하기에도 부담 없는 분위기가 바보비어의 장점이다.

요리의 대부분이 튀기거나 굽는 등 간단한 핑거푸드로 본사에서 제공되는 원팩 메뉴로 조리가 간편한 것도 장점이다. 따라서 주방에 1명, 홀에 파트타임을 포함해 2명만 있으면 수월하게 매장운영이 가능하며 특정 고객층이 없는 골목상권임에도 불구하고 현재 일평균 80만 원의 매출을 올리고 있다.

〈바보비어〉의 장점은 바보같은 저렴한 가격과 친근한 사랑방 공간에 있으며, 검증된 입소문에 골목상권과 적합하다는 특징을 가지고 있다.

4) 저온숙성고에 저장한 고품격 맥주 〈94번가〉

서울 선릉에서 '맥주가 맛있는 곳'으로 유명세를 타기 시작한 〈94번가〉가 본격적인 가맹사업을 전개했다. 굽네치킨을 운영하는 (주)지엔푸드에서 론칭한 맥주전문점 〈94번가〉는 저온숙성 저장고에 보관한 생맥주를 제공, 맥주전문점의 기본인 맥주 맛에 가장 큰 차별화를 둔 것이 특징이다.

1년여간 테스트 운영 통해 사업성 검증을 마쳐 출시한 결과 본격적인 가맹사업을 시작하기도 전에 입소문만으로 3개의 가맹점이 계약 됐다. 무엇보다 〈94번가〉가 서울, 경남, 경기 등 전국구에 통한다는 게 입증된 것이 고무적이다.

약 1년여 간의 직영점 테스트 운영을 마치고 본격적인 가맹사업에 나선 〈94번가〉. 브랜드 론칭의 선두에서 사업전략을 구상한 경쟁력 있는 브랜드 임에도 돌다리를 두 번 세 번 두드린 만큼 더욱 완벽한 가맹모델을 만들었다고 자신한다.

〈94번가〉는 꾸준한 소비수요가 있는 맥주전문점이라는 대중적인 아이템에 저온숙성고, 다양한 치킨메뉴 등 차별화가 명확한 만큼 창업시장에서 경쟁력이 있을 것으로 보고 있다. 그리고 〈94번가〉를 통해 또 다른 콘셉트의 맥주시장이 새롭게 형성될 것으로 기대하고 있다. 즉 94번가는 2018년 까지 300호점 오픈을 목표로 하고 있다.

강남 핫플레이스로 성공적인 테스트를 마친 〈94번가〉는 2012년 7월 선릉역 부근에 직영점을 오픈하고 약 1년여의 시범운영 끝에 본격적인 가맹사업을 시작했다. 메인도로에서도 한참 떨어진 이면골목에 위치해 있지만 특별한 홍보나 마케팅 없이도 강남의 '맥주가 맛있는 집' 으로 입소문을 타면서 핫플레이스로 떠올랐다.

〈94번가〉는 본격적인 가맹사업 시작 전에 이미 서울 신촌, 경남

진주, 경기도 시흥에 3개의 가맹점을 오픈하는 등 전국구에 그 경쟁력을 인정받고 있다.

지엔푸드 측이 〈94번가〉의 가맹사업 전개를 위해 시장조사를 하면서 주목한 점은 맥주시장은 지속적으로 증가하고 있지만 이 같은 시장성을 바탕으로 브랜드 역시 난립해 있다는 것이었다.

〈94번가〉는 소비시장이 큰 만큼 기본이 되는 생맥주 맛을 차별화하고 1차와 2차 고객을 동시에 만족시킬 수 있는 메뉴를 개발해 또 다른 콘셉트의 맥주전문점 시장개척을 목표로 브랜드를 론칭하였다.

고품질의 맥주와 더불어 〈94번가〉의 강점은 굽네치킨의 운영 노하우를 살린 맛있는 치킨요리를 제공한다는 점이다. 수제켄터키치킨, 순살크리스피치킨, 레몬치킨, 블랙페퍼치킨 등은 물론, 치킨 메뉴 외에 수제모듬소시지, 골뱅이무침, 끌레베르샐러드, 파마산텐더샐러드 등 다양한 고객층의 입맛을 충족시키는 메뉴들이 준비되어 있다. 특히 빵 사이에 햄, 달걀 등 맛있는 재료를 넣어 튀겨내는 몬테크리스토는 여성고객들이 선호하는 인기 메뉴다. 굽네치킨은 오븐구이 시장 점유율 1위를 기록하는 등 소비자들에게 맛과 브랜드 인지도에서 강점을 지니고 있기 때문에, 회사측은 기존 브랜드의 인지도가 94번가에도 긍정적인 영향을 미치고 있다.

'진짜' 맥주를 맛볼 수 있는 맥주전문점을 지향하고 있는 94번가는 '진정한 맥주 맛'을 보여주겠다는 일념 아래 저온숙성 저장고를 활용해 맥주를 제공하고 있다. 저온숙성은 생맥주 저장통 자체를 대형 저온 저장고에 보관하는 방식이다. 기존의 생맥주가 급속냉각방식으로 시원하게 만들어 제공했다면, 48시간 이상 저장고에서 저온숙성시킨 맥주는 특유의 맛과 향이 살아있어 유럽식의 신선한 맥주를 즐길 수 있다. 기존 급속냉각방식은 30m 정도의 긴관을 연결하기 때문에 관을 청소할 때마다 과다한 맥주손실이 발생하는데, 저온숙성고 사용 시 이 로스 부분을 보완할 수 있는 것도 강점이다.

최근 고객들은 맥주 고유의 맛과 향에 민감하게 반응하며 차별화된 맥주 맛과 더불어 저온숙성 저장고가 매장 한가운데 위치해 있어 시각적인 즐거움까지 더한 것이 저장고의 장점이다.

가맹점 혜택지원으로 창업비용도 더욱 가볍게 하기 위해 (주)지엔푸드는 가맹사업을 본격화 하면서 굽네치킨에 적용하고 있는 파격적인 혜택을 〈94번가〉 가맹점주에게도 제공하고 있다. 특히 가맹점 오픈 시 보증금, 교육비, 로열티, 가맹비 등을 지원하는 내용이다. 이 덕분에 99㎡ 규모의 고급스러운 맥주전문점을 8000여만 원의 비교적 저렴한 비용에 창업할 수 있다.

고급스러운 인테리어도 이목을 끈다. 모던 빈티지 스타일의 공간 콘셉트는 1~2차를 함께 즐길 수 있는 밝은 레스토랑 분위기를 이끌어내 맥주전문점의 주요 타깃층인 남성 직장인외에도 젊은 여성고객들의 방문을 높이고 있다.

〈94번가〉는 가맹점주의 초기 오픈 비용을 절감해 매장이 최대한 빨리 자리 잡을 수 있도록 배려하고 있으며 이는 저렴한 창업비용으로 가맹점 운영 만족도를 높이는 것이 가맹사업 목표이기 때문이다.

5) 요리가 맛있는 스몰 맥주집 〈청춘싸롱〉

최근 창업시장에 불기 시작한 스몰비어 열풍이 불황이라는 장애물을 넘어 '반짝 아이템'이 아님을 증명하고 있는 가운데, '요리가 맛있는 맥주집'을 표방하는 〈청춘싸롱〉이 후발주자로 나섰다.

지난 2014년 2월 브랜드를 론칭한 〈청춘쌀롱〉의 대표메뉴는 크리스피 생감자 튀김(3000원, 5000원), 피쉬앤칩스(5000원), 등지 수제 함박스테이크(6500원), 오븐구이 치킨스틱(6500원), 타코규리 샐러드(5900원), 마약치즈스틱(2000원), 쥐포튀김(3000원)이다. 주요 인테리어 콘셉트는 메트로 빈티지 스타일로 브로드웨이의 작은 펍을 연상시키는 인테리어로 창업비용은 8400만 원(66㎡ 기준)이다.

이유 있는 스몰비어 열풍의 후발주자로 나섰다. 최근 외식업계는 계속되는 불경기에 소비심리가 위축되면서 창업시장도 실용주의로

바뀌고 있는 추세다. 이 같은 영향을 받은 대표적인 아이템이 창업시장에서 이목을 끌고 있는 '스몰비어'다.

스몰비어 열풍이 불기 시작한 것이 최근의 동향으로 지금은 정점을 찍고 내려오는 추세다. 가장 '핫'할 때 오히려 추이를 지켜봐야 한다.

트렌드에 편승하기 보다는 브랜드 롱런여부를 검토한 후 차별화에 주력하기 위해, 너도나도 '스몰비어'를 외칠 때 오히려 시장에 선뜻 나서지 않았던 만큼 이곳 대표는 청춘싸롱을 스몰비어 전문점이라고 규정하는 것을 지양하고 있다.

스몰비어 콘셉트의 핵심 트렌드를 들여다보면 고객 및 창업시장의 최신 니즈를 읽을 수 있다. 바로 소자본, 소규모, 간소화된 메뉴다. 매장의 콤팩트화가 시장 니즈를 바탕으로 한 청춘싸롱의 핵심인 셈이다.

청춘싸롱은 현재 운영하고 있는 매장 중 일부는 직영매장으로 운영하고 있다. 직영매장 운영을 통해 보다 안정적인 가맹사업을 이어가기위해 노력하고 있으며 이 같은 노력의 결과 청춘싸롱의 경쟁력을 요약해 보면 주점 프랜차이즈 전문 운영 인프라로 10여 년간 주점 프랜차이즈업만 전문적으로 운영해온 본사의 신뢰할 수 있는 운영 시스템 및 매뉴얼을 들 수 있다.

1인 운영 가능한 시스템으로 소형 평수에서 경영자 1인이 파트타임 아르바이트생만 고용해 운영할 수 있는 시스템을 구축했으며 소자본으로 창업이 가능한 점이다.

그밖에 20가지가 넘는 다양한 메뉴로 기존 스몰비어 전문점의 단점인 메뉴의 한계를 주점 프랜차이즈 노하우와 체계화된 물류시스템으로 극복하여 메뉴 및 가격 경쟁력을 확보한 점이다.

6) 컵푸드문화를 선도하다, (주)와이낫 〈지지고〉

최근 외식경영 트렌드 투자비용을 최소화하면서 고수익을 낼 수 있는 테이크아웃형 점포가 창업시장에서 더욱 상승세를 보이고 있다. 그 중에서도 컵밥은 소자본창업과 소점포창업을 하기 좋은 아이템으로 꼽힌다. 〈지지고〉는 재밌는 브랜드네이밍으로 먼저 각인되고, 맛과 가격은 더욱 친근감을 느끼게 한다.

철판요리의 테이크아웃을 주창하고 있는 지지고 볶다의 〈지지고〉는 여기서 따온 네이밍이다. 지지다의 '지지' 와 간다의 'go'를 합친 것이다. 〈지지고〉는 '철판 요리를 테이크아웃하면 어떨까' 라는 발상에서 출발했다. 비싸서 자주 먹기 힘든 철판 요리를 좀 더 저렴하고 간편하게 즐길 수 있으면 좋겠다는 생각에서다. 그래서 이곳 대표는 미국 유학 생활에서 접한 '컵푸드' 문화를 철판 요리와 결합하면 좋겠다는 아이디어를 떠올렸다. 중국 요리 등을 사각접시, 둥근 접시 등 종이컵에 담아주는 문화가 생경스러우면서도 편하다는 생각이었다. 졸업 후 광고회사에서 근무하면서도 컵요리라는 아이템을 놓치기 아까웠던 대표는 지난 2010년 5월 숭실대 인근에서 첫 매장을 내며 론칭에 나섰다. 창업자금 5000만원으로 시작해 현재 전국 100호점을 돌파했다. 〈지지고〉 론칭 이후 비슷한 콘셉트의 브랜드들이 나오기 시작하여 컵푸드 시장이 확대되는 효과를 갖고 왔다. 그 중에서도 〈지지고〉는 컵푸드 시장의 리더라는 위치를 지키고 있다.

저렴한 가격, 넉넉한 인심, 다시 찾는 맛을 모토로 이 브랜드의 대표는 광고회사를 다닐 때 부업식으로 실내포차를 운영했던 경험이 큰 도움이 됐다고 말한다. 메뉴는 밥과 면이라는 두 종류로 간단하지만 소스맛에 자신이 있었다는 것이다. 달착지근하면서도 약간 짭짤한 일본식 데리야키소스에 매운 맛을 곁들였다. 양도 넉넉하게 제공하면서 가격대는 불과 3000원대로 책정했다. 성인 남성도 만족할 양에 싼 가격으로 한끼 식사로 손색이 없으니 고객 반응이 좋을 수밖에 없다.

주문을 받으면 즉석에서 철판요리를 해 재료의 신선한 맛을 그대로 느낄 수 있다. 가격은 싸지만 맛은 정성스럽고 고급스럽다는 이미지를 심어 주기 위해 인테리어도 세련되고 세심하게 디자인했고, 용기도 친환경 재질로 만든 컵을 사용한다. 고객이 컵을 들고 다니는 자체가 홍보 효과가 되기도 했다. 특히 대학생들에게 공강시간을 이용한 짧은 시간에 든든하게 시장기를 채우기 좋은 아이템으로 알려졌다. '누들누들'과 '라이스라이스'라는 두 가지만으로 운영해 왔지만 이제는 가맹점의 매출 극대화를 위해 계절용 음식도 개발하는 등 메뉴 종류도 3~4개 가량 늘렸다. '카레누들', '치즈누들', '어묵탕' 등이 좋은 반응을 얻고 있다.

외식업 경험 없어도 충분히 참여할 수 있도록 하기 위해 〈지지고〉에 대한 관심을 보이는 창업자는 30~40대의 초보창업자가 많다. 소자본창업이 가능하면서 물류시스템을 갖추고 있고 간단한 조리교육만으로도 매장 운영이 가능하다는 장점 덕분이다. 〈지지고〉를 창업하려는 예비창업자를 위한 교육과정을 보면 외식업 경험이 없는 사람도 쉽게 운영할 수 있는 시스템이다. 라면 하나 못 끓이던 사람도 3~4일 조리교육을 받으면 창업이 가능하다. 그 외 창업 이론과 고객서비스, 세무교육도 함께 진행하고 있다.

현재 〈지지고〉의 상권은 주로 대학가 중심이다. 차후 오피스가와 학원가로 상권을 넓혀갈 계획이다. 창업희망자는 소자본으로 창업 경험을 쌓고자 하는 30~40대 연령층이 많다. 고객층이 주로 10~20

대가 많은 만큼 본사에서도 가맹점주에게 당부하는 바가 있다. 가맹점주가 40대 이상일 경우에는 캐셔는 20대 젊은이를 고용하라는 것. 고객들과의 거리를 좁힐 필요가 있기 때문이다. 본사의 방침을 숙지한 다음 오픈한 가맹점주들은 기대 이상의 매출을 올리며 운영하고 있다.

생생한 창업의 현장의 어려움을 뒷받침하기 위해 현재 가장 핫한 아이템으로 급부상하고 있는 〈지지고〉. 상권 분석에 입각해 입지선정부터 인테리어, 교육, 오픈까지 체계적이고 전문적인 시스템으로 창업자의 희망과 함께 성장하고 있다.

〈지지고〉의 브랜드 전략은 'live' 이다. 'live' 한 현장에서 고객의 숨은 니즈에 귀 기울이다가 〈지지고〉를 론칭했고, 즉석에서 선보이는 〈지지고〉의 다양한 메뉴와 분위기 역시 'live'를 기본으로 하고 있다. 〈지지고〉는 'live' 라는 브랜드 콘셉트를 바탕으로 더욱 버라이어티하고 더 맛깔나는 브랜드가 된다는 목표를 갖고 있다.

특히 본사인 (주)와이낫은 메뉴개발부터 회사 비전까지 브랜드 전반에 걸쳐 불가능이라는 단어를 배척하는 'why not' 을 모토로 삼고 있다. 구성인원 역시 20대 후반에서 30대 초반의 연령대라서 젊음을 강점으로 하고 있다. '일은 힘들어도 사람은 힘들지 말자' 라는 사훈으로 유대관계를 돈독하게 하고 있다.

점포관리 역시 가맹점주들이 본사 직원을 어려워하지 않고 쉽게 다가가서 소통하는 방법을 고민하고 있으며, 〈지지고〉의 브랜드 장점으로는 컵 푸드 문화를 선도했다.

7) 즉석요리의 즐거움이 있는 샐러드바 〈쌍쌍포차〉

대구에서 시작한 〈쌍상포차〉의 경우 1미터 꼬치구이, 무한리필 샐러드바로 유명세를 타면서 서울까지 상륙한 실내포차 브랜드다. 대형 주차장 콘셉트의 인테리어와 합리적인 가격을 바탕으로 젊은층에 입소문을 타고 있다.

쌍쌍포차 인기의 가장 큰 요인은 단연 알찬 구성의 샐러드바다. 약 20여 가지의 메뉴를 제공하고 잇는 샐러드바는 신선한 채소부터 간단한 간식류, 떡볶이, 튀김, 탕수육 등의 분식류까지 다양한 메뉴가 구비되어 있다. 여기에 주당이라면 누구나 선호할만한 라면을 육수와 함께 제공해 직접 테이블에서 끓여먹을 수 있는 재미를 더했다.

쌍쌍포차는 주머니 사정이 가벼운 20대 초중반의 젊은 층을 타깃으로 하다보니 샐러드바를 구성할 때 그 무엇보다 '푸짐함'을 강조했다. 특히 직접 끓여 먹는 라면, 달걀프라이, 김치전 등의 즉석요리를 통해 만들어 먹는 즐거움까지 더했다.

쌍쌍포차에서 샐러드바를 운영하는 이유는 간단하다. 무엇보다 샐러드바로 인한 모객 효과가 높고, 테이블 당 주류매출의 비중이 높아지기 때문이다.

쌍쌍포차는 샐러드바로 인한 식재료 원가부담이 동종 아이템에 비해 높은 것은 사실이지만, 기본적인 매출단위가 크기 때문에 가맹점주의 만족도가 높다. 이는 무엇보다 푸짐한 먹거리라는 인식 때문에 포차임에도 불구하고 식사를 함께 동반하는 고객이 많아 초저녁부터 매장이 만석이 되는 상황이 많다.

쌍쌍포차는 마진율을 높이기 위해서는 식재료 관리가 관건이라는 목표 아래 검증된 대기업 식재료를 납품받아 사용하고 있으며, 기본적으로 대중성이 있으면서도 조리가 쉬워 주방에 큰 부담이 없는 메뉴로 샐러드바를 구성하고 있다.

쌍쌍포차는 업종, 타깃 고객층에 맞춰 샐러드바의 품질이나 수준을 결정해야 한다. 주점 내 샐러드바에 대한 고객의 기대치를 파악해 고객의 니즈 충족은 물론 운영상의 편의까지 도모하는 영업 스킬이 필요하다.

8) 1960년 추억을 맛있게 담다 〈웰캄투서울 1960〉

한국전쟁 이후 궁핍해진 생활에 너도나도 할 것 없이 서울로 상경하던 시절. 누구나 죽 한 그릇 두둑이 먹기를 간절히 바랐던 그 시절은 우리가 잊지 말아야할 순수함과 치열함이 고스란히 녹아 있다. 지금은 어디서나 찾을 수 있는 먹거리 천국이 되었지만, 그 어려웠던 당시를 기억할 수 있는 곳은 흔하지 않다. 〈웰캄투서울1960〉은 서울에서 그 당시의 대포집을 그대로 옮겨다 놓은 듯한 인테리어와 메뉴 구성으로 가맹사업을 시작했다.

달동네에서 흔히 보던 풍경을 실내에 반영해 피난길에서 시작된 작은 희망들은 하나 둘 서울을 향해 운집하면서 현실화되었다. 그렇게 오갈 곳 잃은 대부분의 주민들은 무허가건축물을 산등성이에 지으며 촌락을 만들었고 하늘과 가장 가까운 동네라 하여 '달동네'라 불리게 됐다. 이 마을은 당시의 시대상황을 가장 잘 표현할 수 있는 역사의 증거로 남게 됐다.

〈웰캄투서울1960〉은 이런 시대상을 반영하고자, 1960년대의 서울 달동네를 모티브로 인테리어와 감성을 브랜딩 했다. 비록 촌스러울지 몰라도 현대를 살아가는 우리에게는 반드시 알아야할 현대사이자 잊지 말아야할 그 무언가를 담고자 했다. 그래서 〈웰캄투서울1960〉

에는 소품하나까지도 정성을 쏟아 준비했다.

2009년 〈신촌아쌈〉으로 시작해서 〈매꼬단신촌알쌈〉으로 리브랜딩을 거치고 지금의 〈웰캄투서울1960〉이란 이름으로 본격적인 가맹사업을 시작한 〈웰캄투서울1960〉은 8년간의 장사 노하우를 바탕으로 진실하고 롱런하는 브랜드가 되고자 한 것이다. 컬러가 존재하지 않던 시대(1960년대)를 담아내는 브랜드가 없었고, 이번에 가맹사업을 시작하면서 당시의 애환을 가장 잘 표현할 수 있을 정도로 능력 있고 믿을 수 있는 본사로서의 역할을 하고 있다.

롱런하는 브랜드의 초석을 다지기위해 장사를 시작한지는 10년이 지났다. 그리고 처음부터 시작한다는 마음으로 가맹사업을 하다 보니 그간의 장사 경험이 밑천이 되어주었다. 그냥 장사할 때하고는 완전히 다른 일을 하면서 가맹사업에만 몰두하는 경향이 있었는데, 결국 장사할 때 마음가짐이 기본이 되어야 가맹사업도 잘 할 수 있을 것이라 판단했다.

가맹점주들에게 신뢰를 얻는 브랜드를 만들고자 노력하고 있다. 그러기 위해서는 가맹점주의 필요사항들을 먼저 알고 해결해주는 본사가 되어야 한다고 강조했다. 특히 현재 진행하고 있는 물류센터 준비도 지금처럼 소규모 단위가 아닌 중대형 크기의 센터를 설립하였다. 아직 시작이라 개발하고 투자할 부분이 대부분이지만, 우선적으로 안정적인 물류공급과 서비스를 위한 교육프로그램을 완비하는 데 치중하고 있다. 이런 시스템적인 부분도 물론 중요하지만, 직원 및 가맹점주들과의 소통에 무엇보다 힘을 쏟고 이는 결국 이상적인 프랜차이즈는 소통의 유무에서 그 성패가 갈린다고 판단했기 때문이다. 이론적으로나 실제적으로 이상적인 프랜차이즈 본사를 꾸리고 싶어 한다. 그래서 가야할 길이 멀고 험난하다는 점도 잘 알고 있다. 결국 초심을 지키는 것이 중요함을 재차 강조한다.

음식은 결국 맛이 있어야 손님이 온다. 주꾸미를 주재료로 한 메뉴는 매콤하고 고소한 맛이 좋아 고객들의 방문을 잇게 한다. 〈웰캄투서울1960〉의 소스 레시피는 몸에 좋은 천연 재료만을 이용해 만들고 있다. 물론 캡사이신이나 화학 재료를 사용하면 효율적이긴 하다. 하지만 고객들이 계속해서 믿고 찾아올 수 있는 브랜드를 만들고 싶었기에 천연재료를 통해 매운맛을 내고 있다. 매운 맛은 태국 고추로 내고 있다. 주꾸미도 국내산만 사용해 신뢰할 수 있는 메뉴를 완성했다. 날치알 쌈도 무한리필이 가능해 알이 톡톡 튀는 색다른 식감을 즐길 수 있다. 자극적인 기존 주꾸미집과는 차별화된 인테리어와 맛으로 젊은 고객들을 만족시키기에 부족하지 않고, 과거를 추억할 수 있다는 장점은 실버세대들에게 어필하기에도 충분하다.

〈웰캄투서울1960〉은 어느 매장이던지 구수한 옛 멜로디들이 흘러 나온다. 음악선곡도 젊은 세대들은 들어보지 못한 노래들이다. 최신 곡이든 흘러간 곡이든 고객들이 즐거워한다면 상관없다. 브랜드 정체성에는 오래된 노래들이 더 잘 어울리기 때문이다. 특히 신촌점은 대표의 땀과 노력이 고스란히 배어있다. 전등과 1960년 당시의 공산품, 컬러 선택과 칠, 모두가 대표의 손끝에서 시작됐다. 앞으로 가맹점을 개설하더라도 이러한 자잘한 소품을 반드시 비치할 수 있도록 할 예정으로 그리고 브랜드의 통일성을 위해 최대한 직접 참여하고 애정을 쏟고 있다. 전화는 02-364-2211이며, 주소는 서울시 마포구 광성로 4길 21-9에 소재하고 있다.

9) 다음 세대까지 이어질 전통의 브랜드로 〈맛닭꼬〉

100%오븐구이 테이크아웃 시장을 개척한 〈맛닭꼬〉는 2010년 7월 론칭하여 국내 최초로 현미를 이용한 베이크치킨을 비롯해 다양한 메뉴와 저렴한 가격으로 빠르게 이름을 알리고 있다. 화려한 겉모습보다는 실리로 본사와 가맹점과 고객이 모두 만족을 얻는다. 신념을 갖고 지금까지는 내실을 가지는 데에만 집중해 왔는데 이제부터는 홍보활동에도 적극적으로 나서고 있다.

'현미베이크치킨'의 원조를 찾아라. 〈맛닭꼬〉는 3년간의 연구개발을 통해 후라이드치킨보다 더 바삭하고 고소한 베이크치킨을 개발하게 됐다. 그게 가능하겠냐는 주변의 염려와 편견에도 굴하지 않고 조리공정과 주문 시스템까지 완전하게 갖춘 다음 세상에 선보이게 됐다. 제품개발실에 근무했던 경력으로 메뉴 개발에 강점을 갖췄고, 관련 업체 관리에도 노하우를 갖게 돼 운영에 대한 자신감이 생겼다. 소스만 20여 가지로 무려 15군데인 관련 업체도 충분히 관리할 수 있었기 때문이다. 아내와 함께 오픈한 테스트매장은 즉각 반응을 얻었고, 자신감을 얻은 대표는 프랜차이즈 시장까지 도전하게 됐다. 자체 물류와 제조공장을 갖고 있기 때문에 신선한 맛을 제공할 수 있었다. 초벌구이를 하지 않아 육즙이 살아있어 더욱 부드럽고 맛있다. '특별히 맛있는 것 같다'는 고객 반응에 이런 내용까지 알려준다. 오븐의 뜨거운 열기에 수분이 날아가면 살이 퍽퍽해질 수밖에 없고, 그런 초벌구이를 하지 않기 때문에 조리 시간이 좀 더 오래 걸리지만 그만큼 맛을 보장한다는 것이다. 타 브랜드에 비해 30% 정도 저렴한 가격이지만 만족도는 오히려 30%이상 높다.

최근 〈맛닭꼬〉는 매장을 새로운 모습으로 재정비했다. 인테리어에 변화를 준 것이다.

지금까지의 모습보다도 더욱 고급스럽게 꾸몄다. 벽부분을 블록으로 처리해 내력 있는 매력의 느낌을 주는 한편 편안하고 따뜻하면서 포근한 분위기를 만들었다. 남녀노소 모두가 부담을 느끼지 않고 질리지도 않는 분위기다. 〈맛닭꼬〉의 고객이 가족, 연인, 친구 등 모든 층을 아우르고 있어서 더욱 적합한 콘셉트이다.

현재 〈맛닭꼬〉 매장은 66m²를 가장 이상적으로 삼고 가맹점 오픈을 진행하고 있다. 홀과 주방 모두 일하기 편한 구조로 만들 수 있기 때문이다. 적은 인원으로도 운영할 수 있는 최적의 조건을 갖추는 것도 중요하다. 대표 메뉴인 '현미베이크치킨'을 비롯해 신메뉴도 높은 인기를 누리고 있다. 오븐구이의 특색을 최대한 살려 만든 '오븐닭발'은 구워서 양념했기 때문에 느끼함이 적다. '오븐퐁립'과 '케이준샐러드'는 연말에 특별 메뉴로 젊은 고객들이 특히 많이 찾는 현상을 보였다. 〈맛닭꼬〉에서만 찾아볼 수 있는 '치즈칠리로스트치킨'과 '바비큐로스트치킨'의 인기도 무시할 수 없다. 한번 맛을 본 고객들은 계속 떠오른다며 다시 찾고 있다.

〈맛닭꼬〉의 이름을 알리는 데 적극적으로 나서고 있다. 그동안 내실을 기하면서 차근차근 성장하는데 주력했지만, 입소문이 나면서 가맹점 오픈도 가속화될 조짐을 보이고 있다.

가맹점주를 보호해야 하는 입장이라 내달라는 대로 다 매장을 내줄 계획은 없다. 전국 몇백개 매장이라는 타이틀은 무의미하다 그보다는 적은 수라도 폐점없이 10년 20년을 운영하고 다음 세대까지 물려줄 수 있는 전통의 브랜드로 성장하고 싶다. 그러자면 본사에서 가맹점 관리에 철저해야하고, 그래서 한달에 3개 이상은 오픈하지 않는 것을 원칙으로 삼고 있다.

양보다 질이 중요하다며 매장을 한번 오픈하면 장수할 수 있는 브랜드가 되는 것을 목표로 삼고 있다. 외부 문의도 많지만 매장을 이미 낸 가맹점주가 하나 더 내는 현상이 더욱 고맙고 기쁘다. 본사와 가맹점 간의 신뢰를 앞으로도 더욱 쌓아갈 계획이다.

주요 브랜드 경쟁력으로 예비창업자들이 브랜드를 선택해야 하는 이유는 〈맛닭꼬〉가 들어서면 인근 상권을 제패한다는 말이 나올 정도로 경쟁력이 높다. 틈새시장을 잘 공략한 덕분에 입지를 잘 다질 수 있다. A급, B급 등 상권을 가리지 않고 성공을 보장할 수 있어 창업자 입장에서는 부담을 덜 수 있다. 이곳 브랜드만의 최대 무기는 최고의 맛, 저렴한 가격, 편안한 분위기를 꼽는다. 계육을 비롯한 모든 재료가 국내산임에도 한 마리에 1만원이 안되는 가격을 제시할 수 있는 것은 공정을 통해 원가를 절감하고, 본사 마진을 최소화한 결과다. 이런 장점이 고객 응대로도 이어져 재방문률이 매우 높다.

이것만은 꼭 알고 브랜드를 선택하자 〈맛닭꼬〉는 한번 선택한 창업자가 매장을 더 내기 원하는 브랜드다. 점주들끼리 소개하여 형제,

친척, 친구들이 서로 아는 사이인 경우가 많다. 함부로 권했다가 미난을 들을 수 있기 때문에 꺼리는 부분이 아이템 권유지만 〈맛닭꼬〉는 다르다.

현 주소는 서울시 중랑구 면목동 428-4 2층에 소재하고 전화는 1661-3392 이며, 웹주소는 www.mdcco.co.kr 이다.

10) 진심의 숲 속 〈밤새지기〉

이젠 술집도 트랜디 해야한다. 진심은 술 속에서 라는 슬로건을 모토로 브랜드 파워를 구축해 나가고 있는 '밤새지기'는 2015년 논현역에 본점을 오픈해 포차의 새로운 패러디임을 구축 '감성포차'라는 새로운 용어를 창출하였고 3달만에 11개의 가맹점을 오픈하였다. 강남의 메카 논현역에 본점과, 11개의 가맹점을 운영하고 있으며, 어려운 창업시장에서 투자대비 수익성을 극대화 할 수 있는 브랜드이다.

왜 포차의 안주는 요리가 될 수 없을까? 왜 젊은이들이 모여들지 않을까? 4명의 외식전문가들이 한 친구의 다락방에 모여 술을 마시며 늘 고민하던 주제였고 이런 고민들이 밤새지기라는 브랜드로 탄생하였다. 밤새지기는 삶을 외식에 바친 4명의 상권분석, 운영마케팅, 디자인인테리어, 메뉴전문가가 우리나라의 포차시장을 아쉬움을 생각하며 수많은 술집을 벤치마킹하고 사업파트너와 소비자에게 합리주의 가치를 제공하는 경영철학을 바탕으로 론칭한 브랜드 이다.

우리나라는 저성장 시대에 돌입했다. 사업이란 것이 결국 수익을 창출하는 것인데 중요한 것은 투자대비 수익률이다. 적은 돈을 투자하고 많은 돈을 버는 것이 최고라면, 밤새지기는 투자대비 효율성만큼은 자신했다. 그 다음 운영비의 절감(인건비), 계절편차를 극복한 메뉴, 트랜디한 인테리어를 차별점으로 볼 수 있다. 멋지게 하는 것은 누구나 다 할 수 있다. 하지만 한정된 예산으로 멋지게 하는 것은 밤새지기만의 핵심경쟁력이다. 인테리어, 메뉴, 투자비 모든 브랜드들이 다 좋다. 프랜차이즈란 도장 찍어 내듯이 홍보비 많이 쓰고 가맹점이 많다고 불쑥 선택해서는 되지 않는다. 운영하는 회사의 경영철학이나 경험이 상당히 중요하다. 이론과 실무를 겸비한 밤새지기 4인의 외식전문가는 말로만 들어도 다 아는 CJ빕스, 원할머니보쌈, 모리샤브, 박가부대, 스쿨푸드, 죠스떡볶이, 바르다김선생 등 국내 최고의 외식기업을 직접 경영한 전문가들이다.

음식장사도 사업이다. 고객과 회사가 존재해야 가맹점도 있듯이 무조건적인 요구보다는 브랜드가치를 높이기 위해 고민해야한다. 기본중의 기본인 메뉴의 품질, 위생청결, 친절한 서비스 이 3가지가 가장 중요하다. 밤새지기의 모토는 친구이기 때문에 친구나 선후배 가게처럼 편하게 와서 진심을 나누는 공간으로 만들어 나가는 것이 목표이다.

밤새지기 창업을 검토하는 예비 창업자들에게 한마디 한다면 청년 실업, 주부창업, 은퇴 후 창업 서민이 유일하게 생계를 찾을 수 있는 것이 직장 외 사업이라면 그래도 많은 이들이 창업을 선택하는 것이 사실이다. 하지만 더 중요한 것을 좀 열거해 보자면 첫째, 운영멤버의 이력을 확인하고(성공브랜드 경험) 둘째, 소소한 투자금의 차이로 브랜드를 결정하지 않으며, 셋째, 투자리스크가 적은 브랜드를 선택하고, 넷째, 비전문가인 지인들 이야기를 믿지 마라(세상에 할 것이 아무것도 없다.) 듣고자 한다면 창업으로 성공한 지인들 이야기 이다.

3. 저가형 호프·스몰비어 전문점 콘셉트&창업비용

1) 삼구포차

'모든 안주 3900원' 이라는 파격적인 가격을 전면에 내세워 가맹 개시 7개월 만에 100호점을 돌파했다. 서울과 경기권을 중심으로 빠른 속도로 점포수를 늘려가며 시장 선점에 주력하겠다는 전략. 단일 가격임에도 불구하고 계절별로 다양한 신메뉴를 내놓는 등 R&D에 많은 투자를 하고 있어 메뉴에 대한 점주와 고객 만족도가 높은 편이다. 추후 부부끼리 운영이 가능한 82.5㎡(25평) 전후의 소형매장도 가능하다.

2015년에 브랜드를 론칭한 삼구포차는 120여개의 매장수를 보유하고 있으며, 개설비용은 82.5㎡(25평) 5300만 원, 132㎡(40평) 7450만 원이다. 월 로열티는 카드 매출의 1% 정도이다.

2) OK포차

2004년 꾼노리를 시작으로 청춘싸롱 등 다양한 형태의 주점 브랜드를 론칭한 경험이 있는 빌토리어스가 새롭게 선보인 저가형 포차 브랜드다. '안주 3900원, 싸다구!'를 콘셉트로 3900원짜리 저가메뉴와 함께 6900원, 9900원 메뉴를 판매하는 한편 소주 가격을 4500원으로 설정해 주류 매출액을 높이는 전략을 구사한다. 99㎡(30평) 이상의 중대형 매장이 주를 이룬다.

OK포차는 2015년 브랜드를 론칭했다. 개설비용은 99㎡(30평) 4700만 원, 132㎡(40평) 6000만 원 정도이다.

3) 맛잡이슈퍼

'1980년도 분위기를 그대로 재현했다'는 콘셉트답게 복고풍으로 인테리어를 하고, 추억의 간식거리를 판매하는 슈퍼마켓을 접목한 복고+슈퍼 콘셉트다. 지난 2015년 론칭해 현재 19개 매장을 운영 중이다. 부천 1호점의 성공이 가맹사업의 계기가 된 만큼 가맹개설에 있어서도 경인지역에 특히 강한 면모를 보이고 있다. 원팩 시스템이 아닌 수제를 접목한 안주류도 타 포차 브랜드 대비 뛰어난 맛을 최대 경쟁력으로 내세운다. 3800원, 8800원의 메인 안주 외 홍합탕, 어묵탕, 번데기 등 1000원짜리 미끼메뉴 4가지를 갖추고 있다.

2015년 브랜드를 론칭한 맛잡이슈퍼는 약 19개의 매장수를 보유하고 있으며 개설비용은 66㎡(20평) 4640만 원이다. 로열티는 월 카드 매출의 1% 이다.

4) 꼼보포차

주점과 고깃집 등 외식 브랜드 운영 경험이 있는 꼼보코리아에서 론칭한 포차 브랜드로 홍대에서 1년간 운영하던 꼼보집을 프랜차이즈화했다. 메인 메뉴는 1만 원, 서브 메뉴는 3000원과 6000원으로 구성했으며 메인 메뉴 11가지에 한해 요리 개념을 접목해 매운 요리 위주의 안주류를 선보인다. 1주일의 집중 트레이닝과 5일간의 오픈 트레이닝을 거쳐야 점포를 오픈할 수 있는 '필드 트레이닝'을 성공요소로 내세운다. 가맹개설 가능한 매장 규모는 1층 66㎡(20평) 이상, 2층 99㎡(30평) 이상.

'포장마차의 Soul', '내가 먹어 맛있으니 니 입에도 맛있겠지' 등 매장 곳곳의 문구들이 재치 있다.

2013년 브랜드 론칭을 한 이곳은 약 40개의 매장수를 보유하고 있으며 개설비용은 66㎡(20평) 5930만 원, 99㎡(30평) 7550만 원 이다. 월 로열티는 카드 매출의 2% 이다.

5) 맛나슈퍼

행복포차, 오동술, 육삼쭈 등을 운영 중인 조은음식드림에서 론칭한 복고포차, 행복포차가 '어머니 손맛'을 내세우는 일반적인 실내 포차였다면 맛나슈퍼는 '모든 안주 3900원~'라는 저가형 콘셉트로 3900원, 5900원, 7900원의 저렴한 가격 경쟁력을 강조한다. 간판에서부터 실내 인테리어까지 옛날 슈퍼마켓을 연상케 하는 디자인이 특징. 기존 포차에서 업종 전환시 기존 시설 활용, 인테리어 자가시공 가능 등 다양한 혜택을 앞세우고 있다.

맛나슈퍼는 2015년 브랜드를 론칭했으며 30개의 매장수를 보유하고 있다. 개설비용은 49.5㎡(15평) 3800만 원, 82.5㎡(25평) 4600만 원 정도, 월 로열티는 없다.

6) 아맛나슈퍼

연어 무한리필 브랜드 육회한연어 등을 운영하고 있는 외식업체 삼육오컴퍼니에서 선보인 브랜드다. 추억의 불량식품을 판매하는 슈퍼마켓 코너와 재치 있는 카피를 앞세워 복고적 분위기와 재미를 추구하고 있는 곳. 주류가 전체 매출의 60%를 차지하며 안주류와 과자류는 각각 35%, 5% 정도다. '안주는 2900원부터' 라는 의미의 '이구포차' 를 부제로 내세우며 가격 경쟁력까지 어필하겠다는 전략이다. MBC 드라마 제작 지원 등 공격적인 마케팅으로 가맹점 모집에 박차를 가하고 있다.

아맛나슈퍼는 2015년 브랜드를 론칭해 19개의 매장이 있다. 개설비용으로는 가맹비 500만 원, 교육비 200만 원(인테리어 비용 규모별 상이)정도이며, 월 로열티는 카드 매출의 1% 이다.

7) 삼오칠싸롱

수상한 포차 운영 경험이 있는 케이제이에프앤비의 두 번째 브랜드로 '스몰비어의 저렴함과 포차의 다양함'을 전면에 내세운다. 단순한 복고 분위기와 차별화하고자 밝고 원색적인 인테리어에 1980년대 롤러 스케이트장 분위기를 접목한 튀는 인테리어를 도입, 삼오칠만의 개성 있는 분위기를 연출했다. 안주류는 3900원, 5900원, 7900원의 세 가지 가격대, 수상한 포차에서 삼오칠싸롱으로 브랜드 변경 시 가맹비와 교육비를 면제해주는 식으로 메리트를 제공한다.

2016년 브랜드를 론칭했으며 6개의 매장을 보유하고 있다. 개설비용은 가맹비 550만 원, 교육비 220만 원(인테리어 비용 규모별 상이)정도이며, 월 로열티는 카드 매출의 1% 또는 월 35만원 중 선택 가능하다.

8) 포차어게인

구이 전문점 구이가를 운영하는 가업FC의 두 번째 브랜드로 '비내리는 길거리 포장마차' 콘셉트의 독특한 분위기로 차별화된 이미지를 추구하고 있다. 착석 시 서비스로 제공되는 셀프 김치전과 떡볶이, 닭발, 어묵 등을 셀프 서비스로 판매하는 '추억의 셀프 포차'도 이곳만의 특징. 1000~6000원의 셀프 포차 메뉴 외 6900원짜리 69메뉴 10여 가지와 1만~2만 원대의 구이류와 튀김, 탕류 등 다양한 종류와 가격대의 메뉴를 제공한다. LP판을 연상케 하는 메뉴판과 1970~1980년도 길거리 풍경 등 복고적 요소를 두루 갖췄다.

2015년 브랜드를 론칭한 포차어게인은 120개 매장을 보유하고 있다. 개설비용은 198㎡(60평) 1억5900만 원, 330㎡(100평) 2억 2000만 원 정도이며, 월 로열티는 카드 매출의 2% 이다.

부록

창업 및 업종 전환, 신규사업 가이드

〈표 1〉 외식산업의 구성요소

외식산업의 구성요소				
가격	식음료	인적서비스	물적서비스	편리성

〈표 2〉 외식기업 경영형태의 장·단점

방법 구분	초기투자	경험도	사업운영 책임도	실패율	재정 위험도	보상
직영	높다	높다	높다	높다	높다	높다
가맹	보통 이하	최저	보통	보통	보통	보통 이상
인수	보통	높다	높다	높다	높다	높다
위탁	없음	보통 이상	보통	보통	보통	보통 이하

〈표 3〉 업종별 분류

외식산업	음식중심	일반음식점	일반음식점	한식점
				일식점
				양식점
				중식점
				기타
			특수음식점	열차식당
				항공기내식당 기내사업
				선박 내 식당
			숙박시설 내 음식점	호텔 내 식당
				리조트,콘도,여관 내 식당(1970년 이전)
		단체음식	학교	초,중,고,대학
			기업	구내식당
			군대방위시설	군대
				전투경찰
				경찰
				교도소
			병원	구내식당
			사회복지시설	연수원
				양로원
				고아원
	음료중심		찻집,술집	커피전문점
				호프집
				술집(대중유흥업소)
			요정,바	요정
				바
				카바레
				나이트클럽, club

〈표 4〉 한식의 유형별 종류

품목	세부종목	품목	세부종목
해물류	조개찜 조개구이 게찜 바닷가재찜 낙지볶음 굴회 오징어볶음	전류	파전 빈대떡 모듬전 오코노미야키
생선류	갈치구이 코다리찜 광어회 장어구이 장어직화 장어양념구이	국물류	된장찌개 부대찌개 청국장 순두부 북어국
육류-쇠고기	쇠고기등심 쇠고기갈비 쇠고기 불고기 쇠고기 샤브샤브	디저트류-빵	샌드위치 초콜릿 케이크 와플 바게트
육류-돼지고기	돼지고기 삼겹살 돼지갈비 돼지등갈비	디저트류-음료	생과일주스 아이스크림 빙수 생과일 요거트 스무디
육류-닭고기	닭튀김 삼계탕 닭강정 닭갈비	디저트류-커피	커피 북카페 애견카페 키즈카페
육류-족발	족발 냉족발 오븐구이족발 쌈족발	출장음식	도시락 제사음식 홈파티
면류	자장면 짬뽕 냉면 잔치국수 메밀	주류	소주 맥주 생맥주 와인 막걸리
탕류	갈비탕 샤브샤브 설렁탕 삼계탕 매운탕	분식류	순대류 튀김 떡볶이 우동 김밥
한식	비빔밥 쌈밥 영양밥 김밥 죽	뷔페류	패밀리뷔페 해산물뷔페 고기뷔페 샐러드뷔페 디저트뷔페 채식뷔페

⟨표 5⟩ 외식업계 업종별 트렌드 핵심 (키워드)

창업할 수 있는 외식 종목들 간 콜라보레이션(모둠+조합) 메뉴

업종	키워드	상세 키워드
한식	건강한 삶과 간편식 시장확대	4S(safety, show, self, single), 건강, 간편식, 유기농, No MSG, 오픈키친, HMR
패밀리 레스토랑	감성을 추구하는 융복합화	콜라보레이션, 감성, 시장 다각화, 초니치 마켓
치킨	카페형 매장과 스포츠 마케팅	가치소비, 힐링, 프리미엄, 싱글족, 치맥 스포츠 마케팅, 간편식, 안전, 차별화, SNS
주점	복고와 엔도르핀 디쉬	복고, 감성, 소형화, 차별화, SNS 콜라보레이션, 인테리어, 합리적 가격
커피	고급 원두와 부티크 매장	웰빙, 건강한 재료, 소형화, 전문화, 차별화, 콜라보레이션, 고급화, 부티크, 복고, 인테리어, 사회공헌, 해외진출
피자	웰빙과 프리미엄의 합리적 소비	웰빙, 고급화, 합리적 가격, 안전·안심, 스포츠마케팅, 복고·향수, 엔도르핀 디쉬, 콜라보레이션, 소형화, 건강한 재료, 싱글족
이탈리안 레스토랑	착한 소비와 건강한 식생활	착한 소비, 오가닉, 건강, 와인
분식	합리적인 가격과 콜라보레이션	콜라보레이션, 소형화, 프리미엄, 합리적 가격, 소량화, 간편식, 싱글족
패스트푸드	안전하고 합리적인 가격	합리적 가격, 간편식, 싱글족, 안심·안전
디저트	매스티지족의 진정성	콜라보레이션, 건강한 재료, 진정성, 유기농, 프리미엄, 인테리어, 독창성

〈표 6〉 소비자 유형별 기호와 변화

소비자 진화 양상 단계 ▼	새로운 소비자 집단 ▼
마담슈머(Madame + Consumer) 구매 결정권을 가진 주부들의 시각에서 제품 평가	**바이슈머(Buy + Consumer)** 해외에서 판매되는 물품을 직접 구입하는 소비자 (직구족)
⇩ **트라이슈머(Try + Consumer)** 기존 정보에 의존하지 않고 제품을 직접 써본 뒤 평가	**모디슈머(Modify + Consumer)** 제조업체에서 제시하는 방식이 아닌 자신만의 방법으로 재창조 해내는 소비자
⇩ **크리슈머(Creative + Consumer)** 신제품 개발이나 디자인, 서비스 등의 문제에 적극 개입해 의견을 제시	**스토리슈머(Story + Consumer)** 기업에 제품과 관련된 자신의 이야기를 적극적으로 알리는 소비자
⇩ **프로슈머(Producer + Consumer)** 제품의 생산단계에 직접 관여하거나 소비자가 생산까지 담당	**쇼루밍족(Showrooming)** 오프라인 매장에서 제품을 보고 온라인을 통해 저렴하게 구매하는 소비자(실속 중시) VS **역쇼루밍족(Reverse Showrooming)** 온라인에서 검색을 통해 제품을 결정한 뒤 오프라인에서 구매하는 소비자
⇩ **가이드슈머(Guide + Consumer)** 기업의 생산현장을 검증하고 잘못된 점은 지적, 잘한 점은 홍보	

〈표 7〉 외식 브랜드의 구성 요소	
브랜드 아이덴티티	브랜드 네임, 브랜드 로고, 브랜드 컬러, 브랜드 캐릭터, 브랜드 슬로건
메뉴	메뉴 구성, 원재료 선택, 조리 방식, 메뉴명, 프리젠테이션, 식기 선택, 메뉴 제공 방식
서비스	서비스 정도, 서비스 방식, 서비스 특성
분위기	SI(Store Identity), 음악(music), 조명(lighting), 유니폼(uniform), 사인(signage)
입지	지역, 입점 형태(free standing/building-in)
가격	가격, 좌석회전율, 식재료비, 인력 및 인건비, 임대료 수준, 할인정책

〈표 8〉 브랜드 아이덴티티의 도출

기능적 속성	맛의 동질성, 볼의 차별성, 메뉴의 다양성, 양의 풍부함, 시간 절약, 이벤트의 독창성, 접근 편의성, 인테리어의 간결성, 가격대비 맛과 양, 가격의 합리성		
이성적 혜택	통일성, 신속성, 다양성, 합리성, 편리성, 독창성, 전문성		
감성적 혜택	신선함, 생동감, 젊음	친근함, 즐거움, 정겨움	편안함, 재미있음
성격	▼ 독특함	▼ 공유성	▼ 편안함
브랜드 아이덴티티	⇩ 스파게티로 특화된 캐주얼 레스토랑		

〈표 9〉 브랜드 콘셉트 키워드의 개발

키워드	내용
다양성	메뉴와 이벤트의 다양성
통일성	각 매장 간 메뉴의 맛, 인테리어의 동질성
합리성	가격대비 맛과 양, 서비스의 만족감
신속성	시간 절약
전문성	네이밍에서의 전문성, 메뉴의 전문성
편리성	접근과 이용, 서비스의 편리성
신선함	음식의 신선함, 신선한 식자재, 이벤트와 제공 방식(홀서비스)의 새로움
생동감	동적이고 활발한 분위기, 생동감 있는 인테리어
젊음	매장 분위기, 주된 색상, 방문하는 고객과 직원의 젊음
친근함	고급스럽지 않고 대중적이며 부담스럽지 않은 친근함
즐거움	밝고 화사한 인테리어와 가격대비 맛과 양이 좋은 것에서 오는 즐거움
정겨움	오픈된 주방이나 인테리어, 함께 나눠먹는 정겨움
편안함	인테리어의 편안함, 위치의 편안함, 서비스나 가격 등의 심리적 편안함
재미	이벤트의 재미, 메뉴를 고르는 재미, 홀서비스의 재미
독특함	홀서비스의 독특함, 패밀리레스토랑과는 다른 분위기와 서비스
공유성	음식을 나눔으로서 얻게 되는 정서의 공유

〈표 10〉 콘셉트 도출 사례

고객 이미지	개성을 추구하는 여대생 (20대 여성)	해외여행 경험이 있는 젊은 세대	신세대 직장인	자유 직업가와 보보스족	아침 일찍 출근하는 직장인
고객 이익	자신만의 공간, 자유롭게 대화	해외에서 경험한 커피 맛	친구와 여유로운 대화, 독특하고 맛있는 장소	다양한 커피 선택, 노트북 PC이용	간단한 빵과 커피
입지 이미지	이대 앞, 대학로, 프레스센터, 명동역, 강남역, 삼성역, 코엑스, 역삼역, 광화문				
고객 서비스	창가 쪽 1인 좌석, 자유공간, 바리스타, 테이크아웃 서비스, 고객 맞춤 커피, 무선 랜 서비스, 포인트제도, 페이스트리				
고객 시나리오	창가에서 음악을 들으며 혼자 책을 본다, 커피향이 나는 포근한 소파에서 친구와 부담 없이 대화한다. 여자 친구와 극장에 가기 전에 만나서 영화 이야기를 하며 즐긴다, 직장 동료와 점심 식사 후 커피를 테이크아웃하여 마신다. 여기저기 뛰어다니다 자투리 시간에 무선 랜을 이용하여 업무를 한다, 일찍 출근하여 회사 근처에서 여유로운 아침을 시작한다.				
목표 콘셉트	세계 최고의 커피를 주문하여 직접 에스프레소 방식으로 즐길 수 있는 커피숍, 혼자 있을 때는 편안하게, 친구와 같이 있을 때는 즐겁게 대화할 수 있는 커피숍, 고객의 오감을 만족시켜주는 문화가 있는 커피숍				

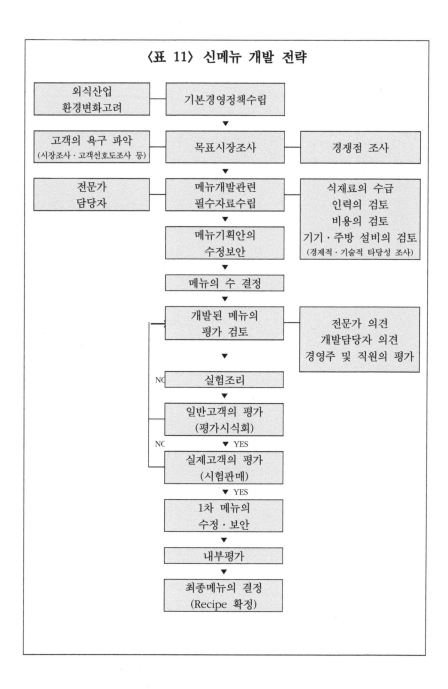

〈표 11〉 신메뉴 개발 전략

| 외식산업 환경변화고려 | ─ | 기본경영정책수립 | | |
| 고객의 욕구 파악 (시장조사 · 고객선호도조사 등) | ─ | 목표시장조사 | | 경쟁점 조사 |

전문가 담당자 ─ 메뉴개발관련 필수자료수립 ─ 식재료의 수급 / 인력의 검토 / 비용의 검토 / 기기 · 주방 설비의 검토 (경제적 · 기술적 타당성 조사)

메뉴기획안의 수정보안

메뉴의 수 결정

개발된 메뉴의 평가 검토 ─ 전문가 의견 / 개발담당자 의견 / 경영주 및 직원의 평가

NO 실험조리

일반고객의 평가 (평가시식회)

NO ▼ YES

실제고객의 평가 (시험판매)

▼ YES

1차 메뉴의 수정 · 보안

내부평가

최종메뉴의 결정 (Recipe 확정)

〈표 12〉 메뉴의 적합성 평가

주요항목 및 평가요소	세부검토사항	
소비기호 (연령별, 직업별)	• 타깃연령대가 좋아하는 음식인가? • 음식이 깔끔하고 정갈한가? • 타깃연령대의 수준에 적합한가? • 계절 메뉴나 계절 식재료를 사용할 수 있는가? • 건강식, 다이어트식, 기능식인가? • 맛 유지와 양은 적절한가? • 메뉴가격대는 어떤가? • 어린이용 메뉴구비와 디저트는 준비되어 있는가? • 가족고객이 좋아하는가? • 단순식사로 적합한가? • 메뉴북은 깨끗하고 설명이 충분한가? • 행사메뉴(모임, 회식, 기타)로 적합한 메뉴인가?	
점포, 입지, 시장	• 주변 시장의 가격대는? • 접근성(편리성)은? • 시장성(시장수요)은? • 적합한 건물인가? • 경쟁상태는? • 성장 가능한 입지인가? • 유동인구는 얼마나 되는가? • 주차시설은 되어 있는가?	• 혐오시설은 없는가? • 홍보성(가시성)은? • 적합한 입지인가? • 점포규모는? • 상권내의 외식 성향은? • 집객 시설이 있는가? • 유동차량은 얼마나 되는가?
경영효율 (경영관리 계수관리)	• 매출이익은? • 객단가는? • 메뉴관리는 용이한가? • 점포관리는? • 구매의 난이도는?	• 회전율은? • 원가(재료비,인건비,제경비)는? • 서비스의난이도는? • 경영주의 메뉴 이해도는? • 직원 채용은?
식사형태	• 조식 • 중식 • 간식 • 석식 • 미드나이트	
판매방식	• 내점(Eat in) • 배달 • 포장판매 • 복합판매 가능성은?	

〈표 13〉 외식 브랜드 주기별 커뮤니케이션 전략

도입기 **(사업홍보)**	• 모델샵의 영업 활성화에 총력 • 언론에 기사화 • 브랜드 인지도 제고를 통해 계약 유도 • 체험마케팅을 통한 점포 이용유도 • 예비창업자 홍보
성장기 **(성공모델의** **정착)**	• 기획 사업설명회 개최(명강사 초청 등) • 도입기보다는 광고 홍보 효력감소 • 성공사례 만들기 • 성공사례를 바탕으로 한 현장 확인계약 실적 기대 • 경쟁업체 진입 시 탄력적으로 시장 전략 전개
성숙기 **(브랜드지명도** **확대)**	• 성공사례를 중심으로 한 계약 실적 증가 • 브랜드 정체성 관리 강화(표준화, 전문화, 단순화) • 유지광고/홍보시행 • 브랜드 이미지 관리 • 메뉴개발 및 보완
쇠퇴기 **(현상유지/** **신규사업)**	• 계약실적 쇠퇴 • 브랜드파워 유지 • 고객욕구 분석을 기초로 한 사업 컨셉 조정 • 재정비 및 제2브랜드 런칭 • R&D 성장전략

〈표 14〉 라이프 사이클에 따른 단계별 관리전략

구분	도입기	성장기	성숙기	쇠퇴기
소비자	소비 준비	소비 시작	소비 절정	소비 위축
경쟁업소	미약	증대	극대	감소
창업시기	창업 준비	창업 시작	차별화	업종변경
매출	조금씩 증가	최고로 성장	평행선	하락
제품 (메뉴)	지명도 낮다	지명도 급상승 및 모방 시작	지명도 최고 제품의 다양화	신 메뉴로 대체시기
유통 (판매)	저항이 높고 점두판매위주	저항 약화되고 주문이 쇄도	주문감소 가격파괴현상	가격파괴절정 생존경쟁으로 재정비
촉진	광고 및 PR 활동성행	상표를 강조하고 경쟁적	캠페인활동 성행 및 제품의 차별성 강조	수요는 판촉에 비해 효과가 미흡
가격	높은 수준	가격인하 정책실시	가격최저로 가격에 민감	재정비에 따른 가격 인상정책
커뮤니 케이션	체험마케팅을 통한 이용유도	성공사례를 바탕으로 현장실적기대	유지강화 브랜드 정체성 관리강화, 성공사례를 중심으로 계약실적증가	계약실적 쇠퇴, 신규사업진출 모색, 고객욕구분석으로 사업 컨셉 조정
진행기간	1년차	2년차	3년차	4년차

〈표 15〉 외식산업의 소득 수준별 발전

구분	GNP($)	성장과정	주요업체등장
1960년대	100 ~200	식생활의 궁핍 및 침체기(6·25전쟁 후), 밀가루 위주의 식생활 유입(미국 원조품), 분식의 확산 및 식생활 개선 문제 부상	뉴욕제과(67), 개업업소 및 노상 잡상인 대량 출현
1970년대	248 ~ 1,644	영세성 요식업의 우후죽순 출현, 경제 개발 계획에 따른 식생활 향상, 해외브랜드 도입 및 프랜차이즈 태동, 국내프랜차이즈 시작 : 난다랑(79.7), 서구식 외식업 시작 : 롯데리아(79.10)	가나안제과(76) 난다랑(79) 롯데리아(79)
1980년대 초반	1,592 ~ 2,158	외식 산업의 태동기(요식업→외식산업), 영세 난립형 체인점 출현(햄버거, 국수, 치킨 등), 해외 유명브랜드 진출 가속화	아메리카(80) 윈첼(82) 짱구짱구(82) 웬디스(84) KFC(84) 장터국수(84) 신라명과(84) 등
1980년대 후반	2,194 ~ 4,127	외식산업의 적응 성장기(중소기업, 영세업체난립), 식생활의 외식화·레저화·가공식품화 추세, 패스트푸드 및 프랜차이즈 중심 시장 선도, 패밀리 레스토랑·커피숍·호프점·베이커리·양념치킨 등 약진	맥도날드(86) 피자인(88) 코코스(88) 도투루(89) 나이스데이(89) 만리장성(86)
1990년대 초반	5,569 ~ 10,000	외국산업의 전환기(95년 산업으로서 정착), 중·대기업의 신규진출 러시 및 유명브랜드 도입, 프랜차이즈 급성장 및 도태, 시스템 출현(외식근대화)	나이스데이 씨즐러 스카이락 TGIF 등 아웃백, 빕스, 베니건스, 애슐리, 마르쉐 등

구분	GNP($)	성장과정	주요업체등장
1990년대 후반	6,500 ~ 9,800	IMF로 경기침체, 전체적인 침체, 불황 중 실직자들의 생계수단과 고용 창출 효과, 침체기에도 꾸준한 성장을 이룸, 다양한 형태의 소비패턴에 따른 점포의 변화	서울 경기지역 외식기업 포화 상태로 지방음식의 체인화와 수도권 중심의 패밀리 레스토랑의 지방 진출과 발전
2000년대 초반	10,000- 15,000	웰빙 문화로 인한 패스트푸드의 변화, 광우병파동으로 일부 산업 심각한 타격, 조류독감으로 치킨업계 일시적인 위기, 꾸준한 발전으로 전체 국민 노동력의 50%이상 고용 창출한 거대산업으로 발전	프랜차이즈 포화, 국내 브랜드 등장
2000년대 후반	15,000- 21,500	국내브랜드 프랜차이즈 대거 등장 및 대기업·식품업계의 외식산업 진출, 대기업 3세들의 외식산업진출(신세계:스타벅스로부터시작-투썸플레이스 등)	(할리스, 카페베네 등)
2010년대 초반	21,500 ~ 25,000	경기침체와 세월호 사건으로 인한 외식위주의 식단이 집으로 이동, 정부규제에 의한 외식분야와 식품분야의 위축	대기업 진출에 대한 정부규제, 상생과 공생의 기업 논리
2010년대 후반	25,000 ~ 30,000	대기업 외식산업이 상생과 공생을 내세운 중소기업 외식 정책으로 변화, 대기업의 외식산업 진출 금지, 외식문화의 침체기와 과다 경쟁	CS를 통한 기업 이익과 고객만족 공존

〈표 16〉 한국의 외식산업 발전과정

연대	발전내용	주요업체
1960년대 이전	• 전통 음식점 중심의 음식업 태동기 • 식생활 및 식습관의 가내 주도형 • 식량지원 부족(생존단계)	• 이문설렁탕(1907) • 용금옥(1930) • 한일관(1934) • 조선옥(1937) • 안동장(1940) • 고려당(1945) • 남포면옥(1948)
1960년대	• 6·25전쟁 후 식생활 궁핍 및 음식업 침체기 • 혼분식 확산(미국원조 밀가루 위주의 식생활)	• 삼양라면 최초 시판(1963) • 비어홀(1964) • 코카콜라(1966) • 뉴욕제과 신세계 본점 프랜차이즈 1호점(1968)
1970년대	• 해외브랜드 도입기 • 프랜차이즈 태동기 • 대중음식점 출현	• 난다랑(1979) 국내 프랜차이즈 1호 • 롯데리아(1979) 서구식 외식 시스템 시발점
1980년대	• 외식산업 전환기 • 해외브랜드 진출 가속화 • 국내 자생브랜드 난립 • 부산 아시안 게임(1986) • 서울 올림픽(1988)	• 아메리카나(1980) • 서울 프라자 호텔이 여의도 전경련 빌딩, 프라자(한식당), 도원(중식당), 연회장 운영(1980) • 윈첼도우넛, 버거킹(1982) • 서울 프라자호텔 열차식당 운영(1983) • 웬디스, 피자헛, KFC(1984) • 맥도널드(1986) • 피자인, 코코스, 크라운베이커리, 나이스데이, 놀부보쌈(1988)

연대	발전내용	주요업체
1990년대	• 외식산업 성장기 • 대기업 외식산업 진출 • 패밀리레스토랑 진출 • 전문점 태동	• TGIF 판다로시(1992) • 시즐러(1993) • 데니스, 스카이락, 케니로저스 (1994) • 토니로마스, 베니건스, 블루노트, BBQ(1995) • 마르쉐(1996) • 칠리스, 우노, 아웃백스테이크 하우스(1997)
2000년대	• 외식산업의 전성기 • 식품업계의 외식산업 진출 • 대기업의 외식산업 점령 • 골목상권 장악 • 자금력에 의한 규모화	• 커피(음료)전문점의 강세, 포화 • 해외진출사례 (할리스 토종브랜드)
2010년	정부의 규제와 경기침체로 인한 외식산업 침체기, 외식업의 다양화를 통한 커피전문점의 활성화를 패하고 있으나 국내포화로 인한 도산위기, 해외진출의 판로가 절실	• 첫손님가게(2013년2월) -기부문화의 정착 • 공생과 상생의 기로 • 대기업의 골목상권진출 금지 등
2020년	• 프랜차이즈를 중심으로 한 한류 K-Food 확산 • 해외 진출 본격화 • 맛, 웰빙, 디테일이 주도 • 성장 정체	• 놀부 NBG • 치킨 브랜드 • CJ 푸드빌 해외 100호점(2012) • 파리바게트(2015년 해외 200호점 개설)

〈표 17〉 국내 프랜차이즈 산업의 변천사

시대별	구분	주요 브랜드 및 이슈
1970년대	**태동기** • 프랜차이즈 산업모델 국내 첫선 • 기업형 프랜차이즈 탄생	• 1977년 림스치킨 • 1979년 7월 국내 프랜차이즈 1호점 난다랑(동숭동) • 1979년 10월 롯데리아 소공동
1980년대	**도입 및 성장기** • 패스트푸드 도입에 따라 대기업 외식업진출 • 해외 패스트푸드 프랜차이즈 국내 진출 • 한식 프랜차이즈시작 (놀부보쌈/송가네왕족발/ 감미옥 등) • 88서울 올림픽 개최	• 1982년 페리카나 • 1983년 장터국수 • 1984년 KFC/버거킹/웬디스 • 1985년 피자헛/피자인/베스킨라빈스 • 1986년 파리바게트 • 1987년 투다리 • 1988년 코코스 • 1989년 도미노피자/놀부/멕시카나
1990년대	**성숙기** • 국내 프랜차이즈 기반 구축 • 국내 최초 패밀리 레스토랑 개념 도입 • 1988년 외환위기 • 1989년 (사)한국 프랜차이즈산업협회 설립	• 1990년 미스터피자 • 1991년 원할머니보쌈/교촌치킨 • 1992년 맥도날드/TGIF 사업개시 • 1993년 한솔도시락/미다래/파파이스 • 1994년 데니스/던킨도너츠 • 1995년 베니건스/토니로마스/씨즐러/BBQ • 1996년 김가네/마르쉐/쇼부 • 1997년 빕스/아웃백스테이크/칠리스/우노 • 1998년 쪼끼쪼끼/스타벅스/코바코 • 1999년 BBQ 국내 최초 가맹점 1000호점 달성 • 1999년 (사)한국프랜차이즈협회 설립인가

시대별	구분	주요 브랜드 및 이슈
2000년대	**해외진출 초창기** **일부 업종 포화기** • 국내 외식브랜드 중국, 일본 등 해외진출 가속화 2002년 한일 월드컵 개최 • 치킨프랜차이즈 붐업	• 2000년 미소야, 투다리 중국 청도 진출 • 2001년 퀴즈노스/매드포갈릭/사보텐/ 파스쿠찌 • 2002년 파파존스/본죽, 분쟁조정협의회 설치 • 2003년 프레쉬니스버그/명인만두/ 피쉬앤그릴/BBQ 중국 진출 • 2004년 크리스피크림도넛 • 2005년 뚜레쥬르 중국 진출 • 2006년 토다이, 놀부 일본 진출 • 2007년 BBQ 싱가포르 진출
2010년대	**저성장기** **해외진출 가속화** • 식재료 수급 불안정 • 해외진출 가속화 • 외식업관련 법과 제도 정비 • 중소기업 적합업종 선정 • 대기업 빵집 사업 철수 • 공정위 모범거래기준안 발표 • 가맹사업법 추진 • 음식점 금연구역 전면시행(2015) • 디저트 업종 활성화 • 일본, 유럽 등 해외디저트브랜드 도입 활발 • 소프트아이스크림, 팥빙수, 츄러스 등 브랜드 활성화	• 2010년 채선당 인도네시아 진출 • 2012년 파리바게뜨 중국 100호점, CJ푸드빌 해외 100호점 • 2011년 놀부 NBG, 美 모건스탠리PE에 지분 매각, 제스터스, 잠바주스, 망고식스 • 2012년 베코와플, 투뿔등심, 와플트리, 모스버거 • 2013년 바르다김선생, 고봉민김밥, 설빙, 깐부치킨, 이옥녀팥집, 족발중심, 미스터시래기, 고디바, 소프트리 • 2014년 자연별곡, 올반, 계절밥상 등 한식뷔페 • 2015년 11월 미스터 피자 중국 100호점 출점 • 2015년 12월 파리바게트 해외 200호점

〈표 18〉 시대별 외식브랜드(메뉴)콘셉트의 변화추이

메뉴	시대	외식 브랜드
햄버거	1980~1985	롯데리아, 아메리카나, 빅웨이
면류	1986~1988	장터국수, 다림방, 다전국수, 민속마당, 국시리아, 참새방앗간
양념치킨	1988~1990	페리카나, 처갓집, 림스치킨
보쌈		놀부보쌈, 촌집보쌈, 할매보쌈
우동	1990~1992	언가, 천수, 나오미, 기소야
신개념퓨전 레스토랑		(피자, 햄버거, 아이스크림, 통닭 등 모두 판매) 굿후렌드, 코넬리아, 아톰플라자, 해피타임
쇠고기뷔페	1992~1993	엉클리 외
커피		쟈뎅, 미스터커피, 왈츠, 브레머
피자	1993~1994	시카고피자, 피자헛, 도미노피자
피자뷔페		베네벤토, 아마또, 오케이, 베니토, 카이노스
탕수육	1994~1996	탕수 탕수 외
김밥		종로김밥, 김가네김밥, 압구정김밥
조개구이		조개굽는 마을, 미스조개 열받네, 바다이야기, 조개부인 바람났네
칼국수	1996~1997	봉창이해물칼국수, 유가네칼국수, 우리밀칼국수
북한음식		모란각, 통일의 집, 고향랭면, 발용각, 진달래각
요리주점	1997~1999	투다리, 칸, 천하일품, 대길, 기린비어페스타

메뉴	시대	외식 브랜드
찜닭		봉추찜닭, 고수찜닭, 계백찜닭
참치		참치명가, 동신참치, 동원참치
에스프레소 커피	1999~2001	할리스, 커피빈, 프라우스타, 이디야
돈가스		라꾸라꾸, 하루야, 패밀리언
생맥주		쪼끼쪼끼, 해피리아, 블랙쪼끼, 비어캐빈
아이스크림		레드망고, 아이스베리
회전초밥	2001~2003	스시히로바, 사까나야, 기요스시
하우스맥주		오키스브로이하우스, 플래티늄, 도이치브로이하우스
불닭		홍초불닭, 화계, 땡초불닭
퓨전 오므라이스		오므토토마토, 오므라이스테이, 오므스위트, 에그몽
중저가 샤브샤브	2004~2005	정성본, 채선당, 어바웃샤브
베트남 쌀국수		호아빈, 포베이, 포메인, 포타이

메뉴	시대	외식 브랜드
해물떡찜	2006~2007	해물떡찜0410, 크레이지페퍼, 홍가네해물떡찜
정육형 고깃집	2006~2007	다하누촌, 산외한우마을
저가 쇠고기		아지매, 우스, 꽁돈, 우쌈, 우마루, 행복한 우담
국수	2008~2009	(비빔국수, 잔치국수)망향비빔국수, 명동할머니국수, 산두리비빔국수, 닐니리맘보
일본라멘		하코야, 멘쿠샤, 라멘만땅, 이찌멘
카페	2008~2013	스타벅스, 카페베네, 파리바게뜨
떡볶이	2011~2012	아딸, 죠스, 국대, 동대문엽기떡볶이
샐러드, 집밥	2013~2014	샐러드뷔페, 계절밥상, 자연별곡
디저트카페	2015~2017	몽슈슈, 초코렛바, 빙수 등 디저트

〈표 19〉 업종별 음식점업 현황(2015년 기준)

분류		업체수		종사자수	
		(개)	%	(명)	%
음식점업	한식점업	299,477	65.1	841,125	59.9
	한식점 제외한 총합	159,775	34.9	562,513	40.1
	중국 음식점업	21,503	4.7	76,608	5.5
	일본 음식점업	7,466	1.6	33,400	2.4
	서양 음식점업	9,954	2.2	67,279	4.8
	기타 외국식 음식점업	1,588	0.3	8,268	0.6
	기관 구내 식당업	7,830	1.7	48,000	3.4
	출장 및 이동 음식업	511	0.1	2,620	0.2
	기타 음식점업	110,923	24.2	326,338	23.2
	소계	459,252	100.0	1,403,638	100.0
주점 및 비알콜 음료점업		176,488		420,576	
음식점업(합계)		635,740		1,824,214	

〈표 20〉 사업장 면적규모별 음식점 분포도(2015년 기준)

사업장 면적규모		음식점수(개)	(%)
30㎡ 미만	(9.3평)	75,977	12.0
30㎡~50㎡	(9.3평~15.4평)	131,003	20.6
50㎡~100㎡	(15.4평~30.9평)	271,277	42.7
100㎡~300㎡	(30.9평~92.6평)	135,299	21.3
300㎡~1,000㎡	(92.6평~302.5평)	19,856	3.1
1,000㎡~3,000㎡	(302.5평~907.5평)	2,057	0.3
3,000㎡	(907.5평)	271	0.1
합　　계		635,740	100.0

〈표 21〉 종사자 규모별 음식점(주점업포함)

(2015년 기준)

종사자규모	음식점수(개)	(%)	종사자수(명)	(%)
1~4명	559,338	88.0	1,170,619	64.2
5~9명	61,176	9.6	375,014	20.6
10~19명	11,685	1.8	147,249	8.0
20명 이상	3,541	0.6	131,332	7.2
합계	635,740	100.0	1,824,214	100.0

〈표 22〉 년 매출규모별 음식점 및 종사원 분포도

(2015년 기준)

매출규모	음식점수(개)	(%)	종사원수(명)	(%)
50 만원 미만	156,598	34.1	282,449	20.2
50~100만원	150,523	32.8	347,310	24.7
100~500만원	132,474	28.8	503,483	365.9
500~1000만원	15,862	3.4	152,236	10.8
1000만원 이상	4,294	0.9	118,160	8.4
합계	459,252	100.0	1,403,638	100.0

〈표 23〉 음식점업 시도별 현황(2015)

구분	사업체수	사업체수 비중	종사자수	매출액	업체당 매출액	1인당 매출액
전국	635.7	100	1,824.2	79,579.6	125.1	43.6
서울	116.8	18.4	409.1	19,559.5	167.4	47.8
부산	47.1	7.4	135.7	5,921.2	125.6	43.6
대구	31.4	4.9	84.8	3,513.7	112.0	41.5
인천	29.8	4.7	85.1	3,845.9	128.9	45.2
광주	17.1	2.7	50.3	2,163.1	126.3	43.0
대전	18.3	2.9	54.2	2,559.1	140.0	47.2
울산	16.1	2.5	42.9	2,043.7	126.9	47.6
세종	1.6	0.2	4.1	185.2	116.7	44.7
경기	126.7	19.9	387.3	17,754.4	140.1	45.8
강원	29	4.6	68.8	2,521.8	86.9	36.7
충북	22.7	3.6	56.4	2,227.0	98.0	39.5
충남	28.2	4.4	71.8	3,056.2	108.3	42.6
전북	22.7	3.6	60.2	2,202.3	96.9	36.6
전남	25.6	4.0	60.7	2,262.0	88.5	37.3
경북	41.8	6.6	95.6	3,788.9	90.6	39.6
경남	49.9	7.8	125.4	4,906.1	98.3	39.1
제주	10.8	1.7	31.7	1,039.6	96.5	32.8

〈표 24〉 프랜차이즈 산업 주요 3개국 현황

구분	한국(2015년)	일본(2012년)	미국(2010년)
가맹본부 수	3,482	1,281	2,300
가맹점 수	207,068	240,000	767,000
매출액(년)	약 102조	약 22조 287억 엔	1조 달러
고용인원	124만	200~300만	1,740만
외식업 비중	본부 72% 가맹점 44%	외식업 17.5% (매출기준) 외식업 41.8% (본부기준)	외식업 42% 패스트푸드 31%

〈표 25〉 외식 프랜차이즈 현황

구분	외식가맹 본부 수	전체가맹 본부 수	외식가맹점 수	전체가맹점 수
2011	1,309(64%)	2,042	60,268(40.5%)	148,719
2012	1,598(66.4%)	2,405	68,068(39.8%)	170,926
2013	1,810(67.5%)	2,678	72,903(41.3%)	176,788
2014	2,089(70.3%)	2,973	84,046(44.1%)	190,730
2015	2,251(72.4%)	3,482	88,953(45.8%)	194,199

〈표 26〉 국내 프랜차이즈 현황(2015 기준)

가맹본부	가맹점
외식업 72%	외식업 46%
서비스업 19%	서비스업 31%
도·소매업 9%	도·소매업 23%

〈표 27〉 국내 프랜차이즈 현황(2015 기준)

년도	가맹본부 수	가맹브랜드 수	직영점 수	가맹점 수
2010년	2,042	2,550	9,477	148,719
2015년	3,482	4,288	12,869	194,199

〈표 28〉 국내 프랜차이즈 업종별 브랜드 수(단위:개)

년도	전체	외식업	서비스업	도소매업
2011년	2,947	1,942	593	392
2012년	3,311	2,246	631	434
2013년	3,691	2,263	743	325
2014년	4,288	3,142	793	353

〈표 29〉 국내 외식 프랜차이즈 가맹점 수(단위:개)

치킨	한식	주점	피자 · 햄버거
22,529	20,119	10,934	8,542
커피전문점	제빵 · 제과	분식 · 김밥	일식 · 서양식
8,456	8,247	6,413	2,520

〈표 30〉 외식 업종별 신생률(단위:%)

업종	수도권				비수도권
	서울	인천	경기	평균	
한식음식점	7.6	8.1	7.9	7.8	7.1
중식음식점	7.5	5.4	8.4	7.7	5.3
일식음식점	10.7	6.5	11.1	10.5	9.0
경양식음식점	9.9	13.6	11.8	10.6	10.8
패스트푸드점	9.4	10.9	12.1	10.8	13.4
치킨전문점	10.2	10.8	10.7	10.5	10.9
분식음식점	6.4	11.5	11.3	8.5	9.9
주점	9.6	8.4	10.2	9.7	8.0
커피숍	20.7	22.1	24.7	22.5	20.0

〈표 31〉 업종별 활동업체수 증감률(단위:%)

업종	수도권				비수도권
	서울	인천	경기	평균	
한식음식점	-1.3	-0.5	-1.1	-1.1	-0.4
중식음식점	0.1	-2.1	0.2	-0.1	-1.6
일식음식점	3.3	0.6	3.4	3.1	3.3
경양식음식점	1.6	5.7	3.5	2.3	2.0
패스트푸드점	-0.7	4.0	5.3	2.4	7.0
치킨전문점	1.4	0.9	2.9	2.1	3.8
분식음식점	-3.4	0.7	1.4	-1.4	1.9
주점	-0.3	0.2	0.9	0.3	1.2
커피숍	15.1	20.8	20.7	18.0	13.1

〈표 32〉 업종별 5년 생존율(단위:%)

업종	수도권				비수도권
	서울	인천	경기	평균	
한식음식점	55.4	57.0	56.4	56.0	61.7
중식음식점	63.5	69.6	61.4	63.1	72.2
일식음식점	59.5	50.0	57.3	58.2	68.0
경양식음식점	61.4	48.7	59.3	60.5	61.2
패스트푸드점	53.0	69.4	60.4	58.2	63.9
치킨전문점	61.9	54.7	59.8	60.0	63.4
분식음식점	49.9	54.0	49.8	50.4	58.0
주점	59.0	63.9	58.2	59.1	65.7
커피숍	57.4	64.8	48.7	54.5	51.6

〈표 33〉 수도권 업종별 생존기간 10년 미만 비율

업종	수도권(%)				비수도권(%)
	서울	인천	경기	평균	
한식음식점	53.9	50.4	56.7	**54.9**	45.9
중식음식점	47.3	45.2	53.7	**49.9**	37.5
일식음식점	63.5	46.4	62.2	**61.7**	54.0
경양식음식점	59.4	64.5	64.7	**61.2**	56.7
패스트푸드점	78.2	73.8	69.4	**73.7**	62.6
치킨전문점	68.5	69.7	71.6	**70.3**	66.5
분식음식점	43.6	65.7	64.3	**52.7**	57.0
주점	58.8	52.0	61.3	**59.1**	55.3
커피숍	86.5	76.2	84.4	**84.5**	70.3

〈표 34〉 업종별 상주인구기준 포화도 상위 지역

업종	서울	인천	경기
한식음식점	중구(3.6)	옹진군(2.1)	가평군(3.5)
중식음식점	중구(3.5)	중구(2.3)	가평군(2.8)
일식음식점	중구(3.8)	강화군(1.9)	평택시(2.9)
경양식음식점	종로구(2.9)	중구(2.0)	포천시(3.0)
패스트푸드점	강남구(4.7)	중구(1.5)	가평군(3.6)
치킨전문점	중구(2.4)	동구(1.6)	연천군(2.7)
분식음식점	종로구(3.3)	동구(1.9)	연천군(4.0)
주점	마포구(2.4)	부평구(1.3)	구리시(2.5)
커피숍	중구(3.9)	강화군(1.8)	연천군(3.2)

〈표 35〉 2015년 활동업체 현황(단위:개,%)

| | | 전국 | 수도권 | | | | 비수도권 |
			서울	인천	경기	평균	
한식 음식점	개수	289,358	53,092	11,408	58,235	**122,735**	166,623
	증감	-2,015	-680	-56	-623	**-1,359**	-656
	증감률	-0.7	-1.3	-0.5	-1.1	**-1.1**	-0.4
중식 음식점	개수	21,428	4,030	999	3,970	**8,999**	12,429
	증감	-218	4	-21	6	**-11**	-207
	증감률	-1.0	0.1	-2.1	0.2	**-0.1**	-1.6
일식 음식점	개수	12,784	4,844	645	2,499	**7,988**	4,796
	증감	394	155	4	82	**241**	153
	증감률	3.2	3.3	0.6	3.4	**3.1**	3.3
경양식 음식점	개수	27,023	9,463	575	4,141	**14,179**	12,844
	증감	568	148	31	139	**318**	250
	증감률	2.1	1.6	5.7	3.5	**2.3**	2.0
패스트 푸드점	개수	8,283	1,738	366	1,837	**3,941**	4,342
	증감	378	-13	14	93	**94**	284
	증감률	4.8	-0.7	4.0	5.3	**2.4**	7.0
치킨 전문점	개수	36,895	5,745	1,987	8,966	**16,698**	20,197
	증감	1,085	80	18	250	**348**	737
	증감률	3.0	1.4	0.9	2.9	**2.1**	3.8
분식 음식점	개수	41,454	12,075	2,094	7,171	**21,340**	20,114
	증감	73	-423	15	102	**-306**	379
	증감률	0.2	-3.4	0.7	1.4	**-1.4**	1.9
주점	개수	65,775	12,396	3,908	13,941	**30,245**	35,530
	증감	512	-39	6	120	**87**	425
	증감률	0.2	-0.3	0.2	0.9	**0.3**	1.2
커피숍	개수	50,270	11,055	2,446	9,712	**23,213**	27,057
	증감	6,666	1,453	421	1,664	**3,538**	3,128
	증감률	15.3	15.1	20.8	20.7	**18.0**	13.1

⟨표 36⟩ 국내 주요 50개 외식업체 2016년 실적

	법인명	대표브랜드	매출액		
			2016년	증감률	2015년
1	파리크라상	파리바게뜨	1,777,178,739,028	2.86%	1,727,743,711,101
2	CJ푸드빌	빕스	1,250,423,221,494	3.66%	1,206,274,856,583
3	스타벅스코리아	스타벅스	1,002,814,318,251	29.58%	773,900,207,510
4	롯데GRS	롯데리아	948,881,502,698	-1.17%	960,107,706,719
5	이랜드파크	애슐리	805,448,929,846	11.06%	725,259,064,288
6	농협목우촌	또래오래	539,706,247,053	06.05%	574,447,698,787
7	비알코리아	던킨도너츠	508,589,410,709	-2.24%	520,244,187,126
8	교촌에프앤비	교촌치킨	291,134,570,511	13.03%	257,568,343,023
9	비케이알	버거킹	253,165,340,964	-9.10%	278,519,490,955
10	제너시스BBQ	BBQ	219,753,548,128	1.80%	215,859,733,466
11	청오디피케이	도미노피자	210,258,669,230	7.61%	195,397,386,682
12	해마로푸드서비스	맘스터치	201,871,094,029	35.82%	148,630,305,769
13	에스알에스코리아	KFC	177,025,154,533	1.32%	174,724,909,649
14	더본코리아	새마을식당	174,871,404,102	41.18%	123,861,782,375
15	본아이에프	본죽	161,915,426,742	12.99%	143,298,606,904
16	이디야	이디야커피	153,544,611,986	13.30%	135,521,376,709
17	지앤푸드	굽네치킨	146,963,838,585	49.35%	98,403,070,608
18	커피빈코리아	커피빈	146,020,774,483	5.10%	138,938,692,307
19	할리스에프앤비	할리스커피	128,620,870,080	18.45%	108,584,230,041
20	놀부	놀부부대찌개	120,371,880,274	0.61%	119,644,883,536
21	엠피그룹	미스터피자	97,057,713,543	-12.03%	110,334,442,101
22	한솥	한솥도시락	93,450,170,833	8.69%	85,977,883,670
23	탐앤탐스	탐앤탐스	86,904,811,559	-2.09%	88,763,650,721
24	아모제푸드	카페아모제	77,709,476,186	-10.79%	87,021,856,784
25	카페베네	카페베네	76,579,195,280	-30.45%	110,110,201,113
26	토다이코리아	토다이	75,712,432,549	1.81%	74,366,111,820
27	원앤원	원할머니보쌈	75,335,571,616	-1.76%	76,685,431,644
28	디딤	신마포갈매기	65,752,103,510	6.20%	61,915,832,179
29	엔타스	경복궁	64,214,566,518	0.04%	64,191,883,374
30	전한	강강술래	62,605,427,065	16.76%	53,617,791,947

	법인명	대표브랜드	영업이익		
			2016년	증감률	2015년
1	파리크라상	파리바게뜨	66,466,341,645	-2.83%	68,401,992,788
2	CJ푸드빌	빕스	7,612,835,874	-27.61%	10,515,825,667
3	스타벅스코리아	스타벅스	85,263,869,944	80.87%	47,141,285,776
4	롯데GRS	롯데리아	19,265,680,668	43.52%	13,423,529,274
5	이랜드파크	애슐리	-13,042,395,296	적자지속	-18,567,855,117
6	농협목우촌	또래오래	2,388,904,185	-43.58%	4,234,412,263
7	비알코리아	던킨도너츠	40,507,512,902	-21.78%	51,789,190,475
8	교촌에프앤비	교촌치킨	17,697,273,857	16.81%	15,150,420,135
9	비케이알	버거킹	10,753,419,177	-11.41%	12,138,378,984
10	제너시스BBQ	BBQ	19,119,575,719	37.65%	13,889,867,948
11	청오디피케이	도미노피자	26,148,974,238	14.85%	22,763,349,909
12	해마로푸드서비스	맘스터치	17,257,002,377	93.95%	8,897,630,011
13	에스알에스코리아	KFC	-12,262,188,782	적자전환	2,519,865,023
14	더본코리아	새마을식당	19,762,485,462	80.08%	10,974,482,886
15	본아이에프	본죽	9,643,020,060	108.54%	4,624,133,933
16	이디야	이디야커피	15,785,054,983	-3.36%	16,333,174,813
17	지앤푸드	굽네치킨	14,074,334,840	150.02%	5,629,268,870
18	커피빈코리아	커피빈	6,415,508,347	63.97%	3,912,507,369
19	할리스에프앤비	할리스커피	12,733,558,418	85.71%	6,856,590,390
20	놀부	놀부부대찌개	4,471,311,917	71.67%	2,604,572,263
21	엠피그룹	미스터피자	-8,906,726,136	적자지속	-7,258,907,426
22	한솔	한솔도시락	7,537,969,650	-3.90%	7,844,235,483
23	탐앤탐스	탐앤탐스	2,361,398,129	-46.33%	4,399,702,445
24	아모제푸드	카페아모제	-691,750,183	적자지속	-514,452,289
25	카페베네	카페베네	-554,827,454	적자지속	-4,381,991,762
26	토다이코리아	토다이	1,890,163,061	-34.38%	2,880,632,811
27	원앤원	원할머니보쌈	1,906,415,161	28.04%	1,488,921,918
28	디딤	신마포갈매기	5,531,547,756	109.18%	2,644,406,000
29	엔티스	경복궁	3,495,529,796	6.93%	3,268,846,170
30	전한	강강술래	6,253,723,716	156.51%	2,438,038,325

	법인명	대표브랜드	당기순이익		
			2016년	증감률	2015년
1	파리크라상	파리바게뜨	55,101,759,875	6.56%	51,707,226,710
2	CJ푸드빌	빕스	5,213,030,763	흑자전환	-7,399,515,626
3	스타벅스코리아	스타벅스	65,250,646,249	130.68%	28,286,458,919
4	롯데GRS	롯데리아	-11,328,471,862	적자지속	-57,188,774,814
5	이랜드파크	애슐리	-80,415,701,255	적자전환	3,259,340,450
6	농협목우촌	또래오래	176,061,903	-96.06%	4,474,241,678
7	비알코리아	던킨도너츠	35,748,612,156	-17.04%	43,090,305,701
8	교촌에프앤비	교촌치킨	10,333,269,262	48.13%	6,975,624,101
9	비케이알	버거킹	8,041,478,568	-6.98%	8,644,484,103
10	제너시스BBQ	BBQ	5,622,355,657	-25.79%	7,575,978,570
11	청오디피케이	도미노피자	20,886,060,816	15.86%	18,027,199,494
12	해마로푸드서비스	맘스터치	9,295,865,326	52.53%	6,094,487,395
13	에스알에스코리아	KFC	-18,989,243,531	적자전환	1,239,410,933
14	더본코리아	새마을식당	19,246,938,573	176.53%	6,960,110,664
15	본아이에프	본죽	6,541,937,183	666.68%	853,282,435
16	이디야	이디야커피	11,157,627,325	-14.73%	13,085,209,896
17	지앤푸드	굽네치킨	9,051,485,230	98.68%	4,555,730,841
18	커피빈코리아	커피빈	4,274,213,864	68.04%	2,543,614,329
19	할리스에프앤비	할리스커피	9,112,688,828	97.97%	4,603,109,833
20	놀부	놀부부대찌개	34,729,365	흑자전환	-1,185,695,358
21	엠피그룹	미스터피자	-13,169,290,522	적자지속	-5,685,686,269
22	한솥	한솥도시락	5,937,412,411	-6.94%	6,379,860,772
23	탐앤탐스	탐앤탐스	-2,700,843,324	적자전환	1,006,075,983
24	아모제푸드	카페아모제	-2,894,719,809	적자지속	-2,831,863,842
25	카페베네	카페베네	-24,199,662,544	적자지속	-33,998,615,819
26	토다이코리아	토다이	-302,769,030	적자전환	60,192,423
27	원앤원	원할머니보쌈	1,050,809,166	-46.68%	1,970,922,444
28	디딤	신마포갈매기	3,882,856,783	206.73%	1,265,883,943
29	엔티스	경복궁	870,450,996	62.51%	535,619,685
30	전한	강강술래	4,044,752,337	204.26%	1,329,361,651

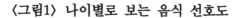

〈그림1〉 나이별로 보는 음식 선호도

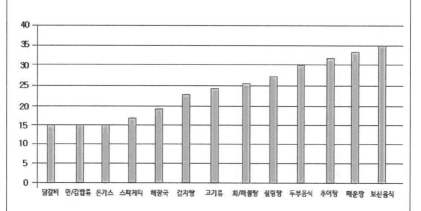

〈표 37〉 외식장소 선택기준

연도	식당 선택기준
1985년	가격, 맛, 위생
1990년	맛, 청결, 가격
1995년	맛(87.1%), 서비스(4.6%), 분위기(4.4%)
2000년	맛(77%), 서비스(37.4%), 분위기(32.7%)
2005년	맛(72.3%), 가격(15.5%), 양(4.4%)
2010년	맛(71.2%), 분위기(10.2%), 교통(8.4%)
2015년	맛(82.6%), 분위기(25.2%), 교통(21.3%)
2017년	맛(77.3%), 분위기(7.1%), 가까운 위치와 교통(6.8%)

〈표 38〉 상권별 특징

구분	특징
오피스	- 말, 저녁 공백. - 직장인 상권의 경우 짧은 이동을 선호하는 경향이 강하여 어디에 입지하는가가 중요함. - 따라서 오피스 이면 유동인구가 많은 곳이 상대적으로 유리. - 직장인을 목표시장으로 하는 만큼 규모를 크게 하고 현대화된 환경으로 창업하는 것이 유리.
역세권	- 영업시간이 상대적으로 길고 자영업자의 피로도가 큼. - 24시간 성황, 주말 유입인구가 크고 업종이 다양하며 유흥성향이 상대적으로 강한 상권 곱창전문점은 B급지에 입지하는 것이 적당,
대학가	- 찾아다니며 소비하는 성향이 강해 상권이 넓게 형성. 따라서 입지 선택의 여건이 상대적으로 양호.
주택가	- 평일 공백 - 가족단위 소비자를 유입할 수 있는 환경을 구축하는 것이 필요
전문 쇼핑가	- 업종별 군집형태로 상권 발달 - 쇼핑가 자영업자를 목표시장으로 전문상가 인근에 입지

〈표 39〉 보쌈전문점 최적의 상권입지

적합상권 유형		장·단점
제1후보지 주택가 진입로변상권	장점	보쌈전문점 주 수요층의 접근성이 좋은 대단위 주택가 진입로 변 1층 매장이 가장 적합하다.
	단점	주택가 상권의 경우 직장인 수가 적다. 점심 매출이 기대만큼 나오지 않을 수 있다.
제2후보지 아파트 주거지역	장점	거주밀집지역의 틈새상권도 좋다. 배달을 전문으로 하는 소규모 업체라면 적극 추천한다.
	단점	틈새 입지개발이 쉬운 일이 아닌 만큼 단골을 만들기 위한 노력이 필요하다.
제3후보지 역세권, 오피스밀집 상권	장점	직장인 유동인구가 많은 역세권이나 오피스밀집상권, 먹자상권은 어떤 아이템이 들어가도 반은 먹고 들어갈 수 있다.
	단점	보증금, 월세, 권리금이 높아 매출은 높으나 수익성이 떨어질 수 있다.

〈표 40〉 장어전문점의 최적 상권입지

제1후보지 사무실 밀집지역 및 도심 오피스상권 먹자골목		제2후보지 도심외곽 관광지 및 강변상권		제3후보지 주택가로 이어지는 대로변	
장점	단점	장점	단점	장점	단점
주택가 상권보다는 관공서 주변상권과 회식 수요가 있는 사무실 밀집지역이 적합하다. 30~50대 남성들의 분포가 많은 지역이라 장어의 수요가 많다.	직장인들을 대상으로 하는 저렴한 가격의 점심 메뉴를 개발해야 한다. 주5일 근무로 주말 매출이 저조할 수 있다.	장어 전문점은 보양식품이라는 인식이 크기 때문에 도심 한가운데보다 외곽지역에서 장어를 찾는 사람들이 많다. 임진강 일대, 고창 선운사 일대, 남양주 운길산역 일대가 장어타운이 형성된 이유다.	주말고객층과 평일고객층의 편차가 크다는 점이다. 수도권 상권의 경우 평일 접근성이 높은 지역 선정이 중요하다.	장어전문점 특성상 주택가 진입로 대로변 매장이 관건이다. 눈에 띄는 입지가 목적 구매고객을 공략할 수 있다.	평일 낮 매출을 담보하기 어렵다. 주부들의 계모임이나 동네의 크고 작은 행사를 유치하는 등 매출 증대를 위한 전략을 세울 필요가 있다.

〈표 41〉 갈비 전문점의 최적의 상권입지

적합상권 유형		장·단점
제1후보지 (대단위 아파트 상권 내 외식상권)	장점	갈비 전문점의 주 수요층이라고 할 수 있는 주부·가족단위고객을 공략하는 데는 1만 세대 이상이 거주하는 아파트상권이 적합하다
	단점	아파트상권의 경우 분양가 거품으로 인해 점포임대가가 높기 때문에 자칫 투자 수익률이 떨어질 수 있는 위험성이 있다.
제2후보지 (주택가상권 대로변 입지)	장점	갈비 전문점은 대형화 전문화 바람을 타고 있는 아이템이다. 가시성과 접근성이 좋은 주택가 상권 진입로 대로변을 추천한다. 대형매장을 공략한다면 지역의 랜드마크 역할을 하면서 안정 수익을 확보할 수 있다.
	단점	대형 매장의 경우 점포구입비와 점포 시설투자비가 높다. 초기투자 비용이 상당하므로 쉽사리 진행하기 어렵다.
제3후보지 (역세상권 내 먹자골목)	장점	지속적인 안정 수요층을 확보하는 데는 역세상권의 먹자골목도 나쁘지 않다.
	단점	먹자골독 내의 경쟁점포가 많기 때문에 자칫 먹자골목 경쟁우위를 점유하지 못한다면 상권 내 경쟁구도에서 밀려날 수 있는 위험성이 높다.

〈표 42〉 닭갈비 전문점, 대학가·먹자골목 최적의 상권 입지

적합상권 유형		장·단점
제1후보지 (지하철역 인근 먹자골목)	장점	지하철역 인근 먹자골목이나 중심상가 이면도로는 닭갈비 전문점의 최적 입지다. 내부가 들여다보이는 1층 매장이면 더욱 좋다. 우선 유동인구가 많고, 저녁모임이 많이 이루어지는 곳이라 소모임이나 회식수요가 많다.
	단점	주 영업시간이 밤이기 때문에 늦은 시간까지 영업을 해야 한다. 체력이 뒷받침되지 않으면 운영에 차질을 빚을 수 있다.
제2후보지 (대학가 주변)	장점	닭갈비에 대한 선호도가 가장 높은 계층이 모이는 지역이다. 맛과 서비스에 관리를 잘하면 단골손님 확보가 용이하다.
	단점	점포 구입단계에서 투자비용이 높다. 물건을 구하기도 쉽지 않다. 어설프게 접근하면 손해만 볼 확률이 높다.
제3후보지) (사무실주변 유동인구 많은 곳)	장점	직장인들의 모임 장소로 콘셉트를 잡는 게 중요하다. 점심메뉴를 개발해 점심영업을 기대 할 수 있다.
	단점	주말 매출을 기대하기 어렵다. 저녁 매출이 중요한 업종이지만, 퇴근시간대 매출이 생각만큼 나오지 않을 가능성도 있다.

관통도로와 교통량에 따른 매출

관통도로란 시 경계선에서 시내와 시외를 연결하는 주요 도로를 말한다. 적은 자본으로 음식 장사로 한몫 잡고 싶다면 이들 관통도로의 교통량을 분석하는 것이 좋다. 국내에는 도시 크기가 매우 크고 근처에 거대 위성 도시를 끼고 있어도 관통도로에 하루 20만대가 넘는 교통량을 보이는 지역이 없다. 그럼 관통 도로의 교통량이 대강 어느 정도이면 음식점의 장사가 잘되는 것일까?

교통량이 많이 발생하는 관통 도로에는 도로를 따라 여러 개의 핵심 상권이 자생하고 있다. 음식점을 이 핵심 상권에 입점시키는 것도 좋은 방법이지만 건물 임대료가 비싸다. 이럴 경우에는 교통량을 믿고 대로변에 음식점을 입점시키는 것도 생각해볼 만하다. 남태령 고개를 예로 들어보면, 남태령 고개는 경기도 과천과 서울 사당동을 연결하는 고개 이름이다. 이 고개를 따라 서울 방향으로 발전한 상권이 사당동 역세권이다. 그 밑으로는 방배동 상권이 있다. 예전에는 시계를 연결하는 단순한 도로에 불과했으나 서울 외곽에서 서울 시내로 출퇴근하는 사람들이 많아지면서 사당동은 대형 상권으로 발전하였다.

관통 도로와 같은 대로변에 음식점을 입점시킬 때는 하루 평균 5만 대 정도의 교통량이 발생하는 도로로 생각해볼 만하다. 5만 대 수준이면 대강 맛이 있거나 분위기가 있는 요식업소라면 매출이 일정 이상으로 발생한다.

그렇다면 교통량 계산은 어떻게 하나? 어떤 한 지점의 교통량은 일반적으로 출근이 시작되는 아침 7시를 전후로 해서 늘어나기 시작한 뒤 8시부터 9시 사이가 그날의 최고 피크 타임이 된다. 그런 뒤 교통량이 일정 수준으로 계속 유지되다가 오후 퇴근 시간이 되자 교통량이 다소 늘어났다가 새벽 1시면 현저하게 줄어든다는 공통점이 있다.

즉 아침 9시대에 피크를 이루고 점심을 전후로 약간씩 줄어들었다가 저녁 퇴근 시간대에 다시 피크를 이룬 뒤 새벽 1시까지 천천히 감소하다가 새벽 1시를 넘으면 현저하게 줄어든다. 이로 인해 아침 피크 시간대의 교통량과 교통량이 제일 적은 새벽 4시경의 교통량은 3배에서 5배 정도의 차이가 발생한다.

교통량 조사 방식

관통 도로에서의 교통량은 오전(07~09시), 점심(11~14시), 퇴근 시간(17~19시) 사이에 측정한다. 새벽 1시부터 아침 7시까지의 교통량은 피크 타임의 3분의 1로 계산한 후 평균을 잡으면 하루 교통량의 윤곽이 대강 잡힌다.

일반적으로 주거 지역에서는 21시~23시 사이에 교통량이 점차 줄어들지만, 심야 영업이 활발한 지역은 21시~23시경에 다소 교통량이 늘어나는 특징을 가지고 있다. 따라서 술집을 창업하려면 그 지역(먹자골목 등)의 밤 21시부터 23시까지의 교통량을 측정하는 것이 좋다. 만일 21시를 기준으로 시간당 교통량의 유입 유출 합계가 3천대 이상이라면 그 지역은 심야 상권이 활발한 지역이라고 볼 수 있다.(밤 9시부터 10시까지 3천대 이상의 유동량을 보이는 도로라면 그 도로는 교통 정체가 상당히 심한 도로라고 말할 수 있다.)

〈표 43〉 서울의 관통 도로 교통량

도로 명	교통량(대)
양재대로	약 13만
시흥대로	약 12만
하일동	약 10만
남태령	약 9만
통일로	약 9만
도봉로	약 7만 9천
망우리	약 7만 7천
복정 검문소	약 6만
서하남	약 6만
서오릉	약 4만

창업할 수 있는 외식업 종목

한정식 전문점/ 산채요리 전문점/나물요리 전문점/ 약선요리 전문점/ 궁중요리 전문점/ 사찰음식 전문점/ 한식당/ 한식배달 전문점/ 생선구이백반 전문점/ 연탄구이백반 전문점/ 우렁된장 전문점/ 대통밥 전문점/ 중화요리 전문점/ 중화요리 뷔페/ 테이크아웃 중화요리 전문점/ 중화요리 패밀리 레스토랑/ 기사식당/ 5,000원 기사식당/ 돼지김치찌개 전문 기사식당/ 해물탕 전문 기사식당/ 연탄구이 기사식당/ 일식집/ 활어횟집/ 장어 전문점/ 초밥 전문점/ 퓨전초밥 전문점/ 회전초밥 전문점/ 일본음식 전문점/ 보쌈 전문점/ 부대찌개 전문점/ 수제 부대찌개 전문점/ 빈대떡 전문점/ 족발 전문점/ 닭갈비 전문점/ 찜닭 전문점/ 바비큐 치킨 전문점/ 통닭 전문점/ 닭볶음탕 전문점/ 삼계탕 전문점/ 죽 전문점/ 덮밥 전문점/ 비빔밥 전문점/ 돌솥밥 전문점/ 가마솥밥 전문점/ 철판볶음밥 전문점

참치회 전문점/ 꽃게탕 전문점/ 해물탕 전문점/ 민물새우 전문점/ 낙지요리 전문점/ 랍스타 전문점/ 조개구이 전문점/ 꼬치구이 전문점/ 밴댕이요리 전문점/ 올갱이국 전문점/ 돼지갈비 전문점/ 삼겹살 전문점/ 생고기 전문점/ 연탄불고기 전문점/ 화로 숯불고기 전문점/ 한우 전문점/ 떡볶이 전문점/분식 전문점/ 만두 전문점/ 즉석김밥 전문점/ 카레요리 전문점/ 수제어묵 전문점/ 수제 햄버거 전문점/ 수제핫도그 전문점/ 호두과자 전문점/ 왕만두 전문점/ 멸치국수 전문점/ 잔치국수 전문점/ 회국수 전문점/ 막국수 전문점/ 우동 전문점/ 라면 전문점/ 칼국수 전문점/ 손칼국수 전문점/ 콩칼국수 전문점/ 바지락 칼국수 전문점/ 수제비 전문점/ 닭수제비 전문점/ 퓨전음식 전문점/ 일식돈가스 전문점/ 바비큐 전문점/ 샤브샤브 전문점/ 버섯요리 전문점/ 두부요리 전문점/ 두루치기 전문점/ 보리밥 전문점/ 쌈밥 전문점/ 떡갈비 한정식 전문점

추어탕 전문점/ 매운탕 전문점/ 동태탕 전문점/ 감자탕 전문점/ 영양탕 전문점/ 오리요리 전문점/ 설렁탕 전문점/ 해장국 전문점/ 뼈다귀 해장국 전문점/ 콩나물 해장국 전문점/ 소해장국 전문점/ 카페/ 락카페/ 북카페/ 룸카페/ 커피숍/ 룸커피숍/ 테이크아웃 커피 전문점/ 보드게임 카페/ 막걸리 전문점/ 연탄불 생선구이 주점/ 일본식 주점/ 퓨전 주점/ 연탄불 안주 주점/ 철판요리 주점/ 포차 주점/ 맥주 전문점/ 세계맥주 전문점/ 호프 전문점/ 소주방/ 단란주점/ 룸살롱/ 노래방/ 비즈니스 바/ 웨스턴 바/ 칵테일 바/ 마술쇼 바/ 모던 바/ 클럽/ 제과점/ 떡 전문점/ 피자 전문점/ 파스타 전문점/ 스파게티 전문점/ 이태리요리 전문점/ 프랑스요리 전문점/ 터키요리 전문점/ 베트남쌀국수 전문점/ 양꼬치 전문점/ 말고기 전문점/ 북한음식 전문점/ 외국음식 전문점/ 패스트푸드/ 패밀리 레스토랑/ 샐러드 레스토랑/ 해물 뷔페/ 고기 뷔페/ 가든형 음식점/ 반찬집/ 1만원 고기안주 주점/ 1만원 해산물안주 주점/ 무한리필 안주 주점/ 무한리필 음식 전문점/ 무한 토핑 주점

〈표 44〉 추정소요자금 계획

과목	금액		비고
1. 매출액		0	서비스매출 + 상품매출
1) 서비스	0		(서비스매출)
2) 상품매출	0		(상품 또는 음식 판매 매출)
2. 매출원가		0	상품의 원가
3. 매출이익		0	매출액 - 매출원가
4. 판매관리비		0	
1) 급료	0		직원급여, 사업자급여
2) 복리후생비	0		직원복리후생, 4대보험, 식대 등
3) 임차료	0		임차료
4) 수도광열비	0		전기세, 수도세, 가스 등
5) 통신료	0		전화, 인터넷, 휴대폰
6) 수수료	0		세무대행료, 신용카드 수수료, 정수기, POS 등
7) 소모품비	0		1회용품, 청소용품, 주방용품
8) 감가상각비	0		취득원가-잔존가치/내용연수
9) 광고비	0		전단지, 홍보비 등
10) 기타경비		0	
5. 영업이익		0	매출이익 - 판매관리비
6. 영업외 비용	0		
1) 지급이자		0	대출금은행이자
7. 영업외 수익		0	이자수익 등
8. 경상이익		0	영업이익 - 영업외비용 + 영업외수익
9. 세전순이익		0	경상이익 - 특별손실 + 특별이익
10. 세금		0	1년 부가가치세, 소득세/12개월
11. 순손익		0	세전순이익 - 순이익

매출액 추정과 투자 수익률 분석
매출액 추정 방법
1개월 동안의 수익 X 12개월 = 적정 권리금
월 매출액
통행인구수 X 내점률 X 1인구매단가(객단가) X 월간 영업일수

〈표 45〉 투자수익률 및 투자회수기간 판단 기준

사업성 판단기준	투자수익률	투자비회수기간
매우 우수	4.3% 이상	2년 이내 회수
우수	3~4.2%	2~3년 회수
보통	2.2~3%	3~4년 회수
불량	2.1% 미만	4년 이상 회수

〈표 46〉 입지 후보지 선정

1	업종(목적)분석	아이템의 소비시간, 소비수준, 소비층, 소비행동, 경쟁점, 보완점을 분석한다.
2	유사업종군집화	소비패턴과 소비특성 등이 유사한 업종을 군집화 한다.
3	1차 지역선정	군집화된 업종의 환경 조사
4	적합도 분석	상권과 업종의 적합도와 경쟁점과 보완점을 조사 한다.
5	2차 후보지선정	적합도가 높으며, 임대조건 등이 좋은 지역 선정
6	변화요인 분석	도시계획, 공급률 등을 조사하여 미래변화요인을 조사한다.
7	타당성 분석	추정손익, 투자대비, 수익률 등 사업타당성을 분석 한다.
8	최종	최종 결정

〈표 47〉 환경 분석(3C 분석)

3c	분석 내용	전략 방향
Customer	- 상권 반경 1km 내 - 배후세대를 주택가로 두고 있는 2종 근린생활 상권 - 30~40대 매니아층, 가족 수요 상존 - 31,500세대, 88,700명(주택 80%)	양질의 제품 확보 정당한 가격 정책
Company	- 기능적 능력의 확보 - 공급자 확보 - 20년 이상 거주로 잠재 수요 확보	제품의 질 유지
Competitor	- 경쟁점포 7개소(곱창 6, 양구이 1) - A급 경쟁점포 1개 - 경쟁점 대비 차별화 요소 약함 - 기존 점포의 고객 충성도 높음	양심의 제품 공급과 마케팅으로 새로운 맛집으로 부상

〈표 48〉 사업 방향의 설정

구분	사업 방향 설정
목표고객	- 상권 내 30~40대 - 배후세대 가족 고객
핵심경쟁력	- 기술적 능력 - 양질의 제품에 대한 지속적인 제공능력
실행방안	- 독산동 내장 도매상과의 협업 - 블로그 운영 - 스토리텔링에 의한 고객충성도 고취
업종현황 및 전망	- 공급이 한정적이고 손질에 어려움이 있는 반면, 매니아층을 중심으로 수요가 꾸준하여 향후 전망 또한 안정적임.

〈표 49〉 시설계획

인테리어 컨셉	-젠 스타일 추구로 유행을 타지 않으면서 안정감 추구 -가족 고객을 위한 편안한 테이블 셋팅 -배연 시설에 중점			
시설 계획	-동선을 고려한 설계 -주방면적, 홀 면적, 테이블 수, 마감재 기재 철거, 목공, 전기, 조명, 마감 계획의 구체화 -간판 디자인			
시설 자금	품명	수량(m²)	3.3m² 당 단가	금액
	인테리어(홀)	66	800,000	16,000,000
	인테리어(주방)	19	400,000	2,000,000
	잡기 비품 등			5,000,000
	간판 외			2,000,000
	합계			25,000,000

〈표 50〉 구매계획

구매전략	-독산동 내장 소매상 2곳 이상 확보 -세금계산서 수취가 가능한 식자재 업체 확보 -결제조건, 반품 조건 등을 명확히 함. -집기 비품 구매 목록표 작성					
	구입품명	구입처	거래조건	연락처	금액	비고
식자재	곱창, 양깃머리 외					
	식자재					
	주류					
집기/비품	주방 용품					
	홀 용품					

〈표 51〉 판매계획

	메뉴명	수량(g)	단가	금액(일)	비고
판매계획	곱창	200	15,454	772,700	부가세 별도
	양깃머리	200	20,000	200,000	
	곱창모둠	200	13,636	272,720	
	염통	200	9,090	45,450	
	간, 천엽		4,545	22,725	
	주류		2,727	149,985	
	합계			1,463,580	

〈표 52〉 원가계획

매출원가	원부자재	소요량(일)	구입단가	금액	비고
	곱창	1보			
	양깃머리	2kg			
	막창	1보			

〈표 53〉 인력 및 인건비 계획

직책	인원	급여	총액	비고
실장(주방/홀)	2	1,600,000	3,200,000	
직원(홀)	2	1,400,000	2,800,000	
보조(주방)	1	800,000	800,000	
합계	5	3,800,000	6,800,000	

〈표 54〉 소요자금 및 조달계획

구분		내역	금액	산출근거
소요자금	시설자금	임차보증금	40,000,000	임대차계약서
		권리금	20,000,000	권리양도계약서
		인테리어비	20,000,000	견적서
		집기 비품	5,000,000	견적서
		소계	85,000,000	
	운영자금	운영자금	25,000,000	매출계획의 약 65%
		소계	25,000,000	
	합계		110,000,000	
조달계획	자기자금	현금/예금	70,000,000	통장
		소계	70,000,000	
	타인자금	은행대출	10,000,000	
		정책자금	30,000,000	창업자금
		소계	40,000,000	
	합계		110,000,000	

⟨표 55⟩ 손익계획

과목	금액		산출근거
1.매출액		39,516,000	매출계획(27일영업일)
2.매출원가		15,806,000	(40%)
3.매출이익		23,710,000	
4.일반관리비		13,875,000	(가~자 합계액)
가.급료	6,800,000		인력계획 참조
나.임차료	5,060,000		
다.관리비	600,000		
라.수도광열비	400,000		
마.통신비	50,000		
바.복리후생비	250,000		
사.광고선전비	100,000		
아.잡비	200,000		
자.잠가상각비	415,000		
5.영업이익		9,835,000	
6.영업외비용		100,000	
가.지급이자	100,000		약 25%
7.영업외수익			
8.경상이익		9,735,000	

〈표 56〉 곱창이야기 수익성

구분	15평(49.5m)	30평(99.1m)
테이블수	일일 2회 기준 테이블수X테이블단가40,000 ▶360,000X2회 ▶720,000	일일 2회 기준 테이블수18X테이블단가40,000 ▶720,000X2회 ▶1,440,000
예상매출	일일 2회 기준 테이블수X테이블단가40,000 ▶360,000X2회 ▶720,000	일일 2회 기준 테이블수18X테이블단가40,000 ▶720,000X2회 ▶1,440,000
예상월매출	영업일30X일매출→ 21,600,000	영업일수30X일매출→43,200,000

〈표 57〉 곱창이야기 창업비용

구분	15평	30평	내용
월매출	21,600,000	43,200,000	
매출원가	8,610,000	17,280,000	원재료+식자재+주류+야채류
건물임대료	2,600,000	4,000,000	임대료/관리비
인건비	4,000,000	7,000,000	15평 주방1 홀2 4,000,000 30평 주방1 홀4 7,000,000
전기,가스 공과금	1,000,000	2,000,000	전기,수도,가스,공과금 등
잡비	500,000	1,000,000	기타 소모품 및 식대
소계	16,140,000	31,280,000	
영업이익	5,460,000	11,920,000	원매출-지출경비(소계)

<표 58> 한식당 창업비용의 예

구분	내용	20평	30평	40평	50평	60평	70평
가맹비	브랜드 사용권, 지역독점부여권, 조리교육, OPEN지원 3일	500	500	500	500	500	500
교육비	경영, 조리, 매뉴얼제공, 본사 노하우제공, 조리교육 3일	200	200	200	200	200	200
인테리어	목공사, 전기공사, 설비공사, 도장공사, 유리, 도배, 주방, 바닥 시공, 조명, 덕트 등 일체포함	3,000	4,500	6,000	7,500	9,000	10,500
주방기기	냉장고 및 냉동고, 간택기, 육수냉장고, 싱크대,찬 냉장고, 작업대, 밥솥, 컵소독기, 스텐선반, 홀싱크대, 상부선반, 초벌대	37	37	37	37	37	37
주방 및 홀 집기	그릇 및 주방집기, 기물, 홀 집기, 앞치마, 전자레인지, 믹서기, 보온고 등	30	30	30	30	30	30
판촉 및 홍보	명함, 빌지패드, 라이터, 메뉴판, 전단지, OPEN현수막, 유니폼(홀, 주방), 오픈행사도우미 2명 외 등	250	250	250	250	250	250
본사지원품목	주류냉장고, 냉동고, 냉각기 및 주류비품 일체, 가스설비시공 (단, 도시가스 제외)						
창업자금지원	무이자, 무담보, 1,000만원부터 최고 5,000만원 까지 가능 (지역 상권, 평수에 따라 차이가 날 수 있음)						
합계		4,017	5,517	7,067	8,567	10,067	11,567

사업자등록증 발급을 위한 행정 절차	
권리금 산정방식	① 신규 위생교육 ② 보건증 발급 ③ 영업신고증 신청 ④ 사업자등록증 신청 ⑤ 보험 가입

〈표 59〉 일반음식점과 휴게음식점 비교

일반음식점	휴게음식점
음식물의 조리 및 판매와 더불어 음주행위가 허용되는 호프집, 한식, 경양식 등	음식물의 조리 및 판매는 가능하나 음주행위가 허용되지 않는 커피숍, 빵집 등

〈표 60〉 일반과세와 간이과세 비교

구분	일반과세사업자	간이과세사업자
매출액	연간매출액 4,800만원 이상	연간매출액 4,800만원 미만
납부세율	공급가액의 10% 부가가치세로 납부	업종별 부가세율을 고려한 세율부과(공급가액의 1.5~4%)
세액공제	매입세액 전액	매입세액의 15~40%
세금계산서	세금계산서 발행과 매입의 의무	세금계산서 발행 불가
예정고지 여부	예정신고기간에 대해 예정신고 또는 예정고지에 의한 징수 원칙	예정신고 및 예정고지 없음
비고		과세기간 매출액이 1,200만원 미만인 경우 부가가치세 면제

〈표 61〉 주요 소셜커머스 사이트 및 연락처

소셜커머스 업체	도메인	연락처
쿠팡	www.coupang.com	1577-7011
티켓몬스터	www.ticketmonster.co.kr	1544-6240
위메이크 프라이스	www.wemakeprice.com	1588-4763
그루폰코리아	www.groupon.kr	1661-0600
지금샵	www.g-old.co.kr	070-4077-4770
슈팡	www.soopang.co.kr	1600-2375
소셜비	www.sociabee.co.kr	1588-5908
달인쿠폰	www.dalincoupon.com	1666-9845

〈표 62〉 온라인마케팅의 하나인 소셜미디어 활용

		블로그	SNS	위키	UCC	마이크로블로그
사용목적		정보공유	관계형성, 엔터테인먼트	정보공유, 협업에 의한 지식 창조	엔터테인먼트	관계형성, 정보공유
주체:대상		1:N	1:1 1:N	N:N	1:N	1:1 1:N
사용환경	채널 다양성	인터넷 의존적	인터넷환경, 이동통신환경	인터넷 의존적	인터넷 의존적	인터넷환경, 이동통신환경
	즉시성	사후기록, 인터넷 연결시에만 정보 공유	사후기록, 현재시점 기록, 인터넷/이동통신 연결시 정보공유	사후기록, 인터넷 연결시 창작/공유	사후제작, 인터넷 연결시 콘텐츠 공유	실시간 기록, 인터넷/이동통신 연결시 정보공유

〈표 63〉 연간 판매촉진 전략

월별	행사	이벤트 기준 및 판촉활동
1	시무식, 신년회, 설날, 대입합격축하회	POP부착, 새해선물(식사권, 할인권 등)을 연하장에 넣어 DM발송, 내점고객 선물 증정(복주머니, 복조리 등)
2	입춘, 봄방학, 졸업식, 환송회	졸업축하 이벤트, 발렌타인데이 특별 디너세트 판매(꽃, 샴페인증정, 초콜릿), 봄맞이 환경처리 실시, 현수막 부착, DM발송(리스트 입수), 정월대보름 오곡밥 축제
3	입학식, 환영회, 대학개강 파티	입학식, 환영회(행사유치를 위한 사전 홍보활동 및 선물제공), 화이트데이 이벤트 실시, 봄 샐러드 축제와 꽃씨제공
4	봄나들이, 한식, 식목일	신 메뉴 개발, DM, 각종 차량에 안내장 부착
5	어린이 날, 어버이 날, 스승의 날, 성년의 날	어린이날 특선메뉴 및 기념품 제공, 가정의 달 효도대잔치(카네이션, 기념사진 등), 독거 소년·소녀와 노인 초청 행사, 서비스 콘테스트 실시, 광고 등
6	각종 체육회, 현충일	국가 유공자 가족 초대회(할인행사)

월별	행사	이벤트 기준 및 판촉활동
7	여름보너스, 휴가, 초중고 방학	DM, 여름철 특선 메뉴 실시(빙수, 생과일 쥬스, 호프, 야외 바베큐파티 등), 삼복더위 축제
8	여름휴가, 초중고 개학	한여름 더위를 식힐 화채 개발 시식 및 각종 우대권 제공
9	대학개학, 초가을레저, 추석	도시락 개발, 행락철에 T/O
10	운동회, 대학축제, 결혼러시, 단풍놀이 행락객	가을미각축제, 과일축제, 송이축제, 전어축제, DM발송
11	학생의 날, 취직, 승진축하	찜요리 축제, 입시생을 위한 특선메뉴(건강식), 송년회 및 회식안내(DM)
12	송년회, 겨울방학, 겨울레저, 첫눈	크리스마스카드 및 연하장 발송(할인권), 점내 POP부착
기타	단골고객의 날 이벤트 개최, 생일 축하, 월 시식일 등	고객관리, 선물 또는 무료 식사권 제공

일일 매출 규모별 적정 관리 내역

(1) 하루 매상 40만원-창업 실패한 업소

한 달 총매출 : 40만원 x 30일 = 1,200만원

재료비(30%~35% 안팎) : 450만원 안팎

임대료&공과금&인건비(35%~40% 안팎) : 500만원 안팎

순이익률(22%~30%) : 250만원 ~ 350만원(사장이 주방이나 매장일을 하는 상태)

(2) 하루 매상 60만원-평균 성적을 거둔 업소

한 달 총매출 : 60만원 x 30일 = 1,800만원

재료비(30%~35% 안팎) : 600만원 안팎

임대료&공과금&인건비(35%~40% 안팎) : 700만원 안팎

순이익률(23%~32%) : 400만원 안팎(사장이 주방이나 매장일을 절반 정도 하는 상태)

(3) 하루 매상 150만원-대박 아닌 중박을 이룬 업소

한 달 총매출 : 150만원 x 30일 = 4,500만원

재료비(30%~35% 안팎) : 1,600만원 안팎

임대료 & 공과금 & 인건비(35%~40% 안팎) : 1,700만원 안팎

순이익률(25%~33%) : 1,200만원 안팎

(4) 하루 매상 30만원~40만원 일 경우-폐업 갈림길의 음식점

말 그대로 입에 풀칠하고 있는 상황에서 사업을 접지도 못하는 상황인 음식점을 말한다. 수입이 적기 때문에 사장이 직접 주방일을 할 수밖에 없다. 인건비 지출을 줄여야 하므로 종업원은 1~2인만 고용할 수 있는 상태다. 종업원 1인 고용 시 매장을 전부 담당하지 못하므로 사장 부인이 주방일도 거들고 매장일도 거드는 상황이 된다. 이렇게 되면 부부가 힘들어 지게 되고, 부인의 바가지 지수는 높아지며 이때쯤 되면 음식점 장사에 대해 체념하게 된다.

이런 점포는 십중팔구 1년 안에 문을 닫게 되거나, 코가 꿰인 상태로 어쩌지도 못하고 사업을 하는 상태가 지속된다.

하루 평균 매상 30만원 이하이면 이건 동네에서 관심조차 받지 못하는 음식점이란 뜻이고, 맛없는 집이거나 망해가는 음식점이라는 뜻이다. 다시 말해 동네 손님은 없고, 아주 소수의 단골손님과 우연히 걸려든 뜨내기손님을 받는 업소이다.

5천만원 이하 소자본 창업을 하면서 준비를 제대로 하지 않으면 이런 일이 쉽게 발생한다. 가장 큰 이유는 업종 선택이 잘못되어서이거나, 맛이 없어서이다. 이런 경우 1일 매상 폭의 변동이 매우 심한데 이것은 고객들에게 안 가도 되는 음식점으로 각인됐다는 뜻이다. 창업 15일이 지나도 하루 평균 매상이 30만 원 이하이면 바로 업종 변경을 해야 한다. 만일 밥집이었다면 술을 취급할 수 있는 업종으로 변경을 시도하면 매상을 더 올릴 수 있다.

(5) 하루 매상 60만원 일 경우-생활 유지형 음식점

하루 매상 60만원이라면 월수입이 400~500만원 정도이므로 집에 생활비를 가져갈 수 있고 음식점 경영 목적으로 자동차를 자유롭게 운용할 수 있는 상태이다. 자동차는 더 싼 식재료를 사러 다니는 용도로 사용한다. 우리 주변에서 볼 수 있는 평범한 음식점들보다는 좋은 실적이므로 일단 '맛'은 어느 정도 인정받은 집이라고 할 수 있다.

 일을 할 때 가끔 자기 일이 행복하다는 생각이 들기도 하고 불행하다는 생각이 들기도 한다. 부부는 일심동체로 사업을 키우기 위해 더 열심히 노력하는 상태가 된다. 건물 임대료에 따라 다르겠지만 종업원은 1~2명 정도 고용할 수 있고 부부 중 한 사람이 주방을 맡아 인건비 부담을 줄일 수 있다.

 그런데 이 경우가 가장 위험하다. 당장 먹고사는 방법이 마련되어 있으므로 가끔 행복지수가 올라가기는 하는데, 유명 맛집이 아닌 한 음식점의 매상은 세월이 흐를수록 떨어지기 마련이다. 예를 들어 옆집에 더 근사한 음식점이 들어오면 바로 타격이 온다는 뜻이다. 하지만 기존 단골이 있으므로 바로 매상이 떨어지지는 않고 2~5년 세월이 흘러가면서 아주 서서히 매상이 떨어진다. 어느 날은 매상이 90만원인데 어느 날은 매상이 20만원이 되기도 한다.

(6) 하루 매상 100만원일 경우-돈을 모을 수 있는 음식점

월 900만원 안팎의 수익이 발생하므로 몸은 고생해도 행복지수는 날로 높아진다. 월 순이익 1천만원 수준을 넘기면 이젠 자신의 음식점이 성공하였다고 자부하고, 자기는 가만히 있는데도 돈이 굴러들어온다고 착각한다. 이 상태이면 주방장과 종업원을 여러 명 고용한 뒤 부부는 놀러 다닐 수도 있는 상태가 되지만 돈 버는데 재미가 붙어 꼭 매장에 붙어 있으려고 한다. 이 경우 월수입을 전부 쓰지 말고 생활비를 제외한 나머지는 반드시 저축해야 한다. 저축한 금액은 몇 년 뒤 매장을 확장하거나 직영점을 내는 데 활용할 수 있다. 직영점 3개 정도 내면 더 바쁘게 살겠지만 최소한 돈 걱정은 안 하고 살 수 있을 것이다. 또한 천천히 프랜차이즈 사업을 시도할 수도 있다.

(7) 하루 매상 150만원일 경우-흔히 말하는 중박 음식점

하루 매상이 150만원인 점포는 흔히 말하는 중박 이상의 성공한 음식점들이다.

유명 햄버거 프랜차이즈 중에서 입지 조건이 나쁜 지방에 있는 점포인 경우 일매 110만원 정도를 찍는다. 대도시에서

지명도 낮은 지역에 있는 유명 햄버거 체인점들이 일매 130만원~180만원을 찍는다. 그리고 재래시장에서 볼 수 있는 시장 빵집 중 항상 손님이 바글바글대는 빵집이 일매 170만원을 찍는다.

30평 규모의 유명 한식 프랜차이즈 중에서 장사가 잘되는 점포가 일매 150만원 찍고, 장사가 잘되는 주점, 호프집, 고깃집, 일식집, 분식집이 일매 150만원을 찍는다.

(8) 하루 매상 200만 원-흔히 말하는 초대박 음식점

하루 매상 200만 원이면 객단가 7천 원 기준 1일 300인분을 판매하는 초대박 음식점이다. 월 1천 500만원~2천만원의 순수익이 발생한다. 물론 고기를 박리다매하는 주점이라면 이익률이 더 낮아질 것이다. 하루 200만 원 매출이 발생한다면 더할 나위 없이 좋은 시나리오이고 프랜차이즈 사업을 시도해도 성공할 확률이 높다. 또한 매출이 조금 떨어질 무렵이면 장사에 싫증날 수도 있는데 이때 권리금을 많이 받고 바로 팔아 버릴 수도 있다.

그런데 하루 매상 200만원 찍으려면 단골과 유동 인구가 중요하다. A급 상권에 입점한 유명 패스트푸드점, 외식업 체인점이 일매 200만원 이상 찍는다. A급 상권에서 장사가 잘 되는 고깃집, 한정식, 횟집, 주점, 퓨전음식점, 유명 한식체인점, 일식집, 분식집이 일매 200만원 이상 찍는다. A급 상권에 있는 퓨전포차도 히트치면 일매 200만원 이상 찍는다.

(9) 하루 매상 300만원 이상-맛집이거나, 유동 인구가 많거나, 매장 크기가 큰 음식점

유동 인구가 많은 오피스 밀집 지역은 20평 크기의 분식점도 장사를 잘하면 일매 300만 원 이상 찍기도 한다. 또한 지방의 전통적인 맛집이거나, 점포 크기가 상대적으로 큰 경우다. 객단가가 높은 음식점이거나, 부촌에서 장사가 잘되는 음식점이 이에 속한다.

A급 상권이거나 강남 부촌 등에서 장사가 잘되는 고깃집, 주점 등이 일매 300만원 이상 찍고, A급 상권으로 비즈니스 밀집 지역에서 장사가 잘되는 20평 크기의 분식점이 일매 300만 원 이상 찍는다. 대형 아파트단지에서 맛으로 유명한 개인 빵집도 일매 300만원 이상 찍는다.

갈비 숯불구이집이 부촌에서 초히트치면 일매 1,000만원을 찍는다. 바닷가의 유명 횟집이라면 일매 400만원 이상 찍는다. 더 유명하고 드라이브족이 많이 찾는 횟집이라면 일매 700만원을 찍기도 한다. 도시 외곽에 새로 음식점을 세웠는데 맛집으로 유명세를 타면서 손님들이 몰려온다면 일매 300만원 이상 찍고 업종에 따라 일매 500만원 찍는 집과 일매 700만원을 찍기도 한다.

(10) 하루 매상 1천만 원-기업형 음식점

유동 인구가 많은 곳에 위치한 유명 패밀리 레스토랑 가맹점들은 보통 일매 1천만원 이상을 찍는다. 유명 프랜차이즈의 본점은 대부분 대형이다. 이들 중 장사를 잘하는 본점들이 보통 일매 400만원, 500만원을 찍고, 일매 1천만 원 이상 찍는 본점도 있다. 보통 고깃집, 쌈밥집, 보쌈집, 오리요릿집처럼 객단가가 높은 업체들의 본점이 가능하다.

〈표 64〉 한식 갈비집의 초기 창업비용

품목	내용	금액
가맹비	·상표사용권 부여 및 지역 독점영업권 보장	·400만원 ※전략지역 할인이벤트 확인
교육비	·가맹점 운영 교육 및 매뉴얼 제공, 노하우 전수	600만원
물품 보증금	·본사 공급 원부자재에 대한 예치금(가맹계약 해지 시 반환)	~~400만원~~ → 200만원 ※200만원 할인행사
점포개발비	·나이스비즈맵과 SK텔레콤 상권분석 시스템	~~100만원~~ → 0원 ※100만원 할인행사
인테리어	·설계 및 3D 디자인/바닥타일 공사 ·목공사(자재/인건비/유리·금속 공사 ·전기, 조명공사/도장, 필름공사/사인물 일체	4200만원 ※33m² 당 140만원
홀/주방기물	·2인/4인 테이블, 단체석 일체 등	1500만원
간판	·외부 전면 잔넬 텍스트 간판 (4M) ·돌출 간판 및 사이드 간판	450만원
기기설비	·로스터(착화식), 삼중불판 ·냉장/냉동고, 간데기 etc, 육류냉장고 등 ·샐러드바, 아이스크림케이스, 식혜, 커피머신	2250만원
홍보/오픈지원	·웹카메라 1대/음향기기SET/홍보물 및 조형물 일체	50만원

〈표 65〉 외식업 초기 창업비용(단위 : 만 원)

구분	99.17m²	132.23m²	165.28m²	198.34m²	세부내역	비고
가맹비	800	800	800	800	상호·상표사용(브랜드가치) 등	소멸
교육비	200	200	200	200	메뉴·운영·서비스·식자재 교육	체류비 등 점주부담
인테리어	3900	5200	6500	7800	목공사, 설비, 방수공사, 천정, 전기 등	평당 130만 원
간판	500	600	700	750	전면LED간판, 돌출간판 등	그 외 별도
닥트	550	700	850	1000	외부 2층 기본, 내부 및 주방 닥트	3층 이상 별도
테이블·의자	400	520	640	760	홀 의·탁자	
테이블렌지	270	350	430	510	2구렌지	
주방기기·홀집기	2100	2700	3300	3900	식기세척기, 주방기기 등	주물불판은 본사 무료 대여
인쇄·홍보·소품	200	250	300	400	이벤트, 전단지, 추억의 소품 일체	
합계	8920	1억1320	1억3720	1억6120		

참고문헌

김성은, "요리가 있는 스몰 맥주집 청춘싸롱", 월간식당(2014.5), 170-171.

_____, "작게 더 작게 스몰비어에 빠지다", 월간식당(2013.9), 156.

김인정, "컵푸드 문화를 선도하다", 창업&프랜차이즈(2013.1), 210-211.

김준성, "퓨전포차 프랜차이즈", 외식경영(2016.8), 105-111.

뉴스웨어, 「소자본 창업 아이템」, 2015.05.28.

디지털타임스, 「늘어가는 프랜차이즈」, 2016.05.03.

박선정, "초가성비 저가형 포차", 월간식당(2016.9), 94-101.

배달앱, 「2016 배달 음식점 보고서」, 2016.03.

서울시, 「영세 상권 골목 업종 분석」, 2015.

스포츠조선, 「창업과 체크포인트」, 2016.04.17.

시민일보, 「2016 외식창업 트렌드」, 2015.12.15.

아시아뉴스통신, 「소자본 창업 아이템」, 2016.05.24.

에너지경제, 「주목받는 창업 아이템」, 2016.05.24.

월간식당, "바보같은 가격 바보비어", (2013.9), 158-161.

월간식당, "생활 수제 맥주",(2017.08), 182-183.

이동은, "주점 업계 동향" 월간식당, (2017.08), 76-77.

_____, "프랜차이즈 FC리포트", (2017.08), 180-187

이은영, "세계의 야시장이 몰려온다", 월간식당(2016.9), 101-107.

이인규, "프랜차이즈 3선", (2014.12), 226-227.

이해림,"맥주 국산·수입 10종 블라인드 테스트", 한국일보,
    2018.01.18.

창업&프랜차이즈, "1인 창업의 대명사 봉구비어", (2014.12), 92-95.

_____, "국내 정통 호프의 산실", (2014.12), 104-107.

_____, "상생 경영으로 키운 브랜드의 힘", (2015.3), 80-81.

_____, "세계맥주전문점 탭하우스" (2014.12), 102-103.

_____, "스몰비어를 바라보면 우려의 시선 불식"(2013.11), 74-75.

_____, "싸롱 전성시대 저녁노을과 맥주한잔", (2014.12), 96-97.

_____, "히트예감 프랜차이즈 13선", (2013.01), 186-187.

추대엽, 「외식산업론」, (서울: 범한출판사), 2015.

한국경제신문, 「프랜차이즈 브랜드 마케팅 강화」, 2016.12.08.

황해원, "방범포차 사람들", 월간식당(2015.11), 111-113.

〈ebuzz, 2014.01.21〉

〈MT머니투데이, 2014.10.28〉

〈세계일보, 2014.01.28〉

〈월간식당, 2017.08〉

〈이투데이, 2015.03.31〉

〈창업앤프랜차이즈, 2015.02.23〉

한눈에 읽는 외식창업 성공이야기 [시리즈 13]

힐링 · 감성 · 복고 담은

호프 · 맥주 전문점

발 행 일 : 2018年 6月 1日

저　　　자 : 김 병 욱

발 행 처 : 킴스정보전략연구소

홈 페 이 지 : http://www.kimsinfo.co.kr

주　　　소 : 서울시 강동구 성내로8길 9-19(성내동
550-6) 유봉빌딩 301호(☎ 482-6374~5,
FAX : 482-6376)

출판등록번호 : 제17-310호(등록일: 2001.12.26)

인　　　쇄 : 으 뜸 사

I S B N : 979-11-7012-137-4

※ 당 연구소에서 발간하는 도서구입, 도서발행, 연구위탁, 강의, 내용질의,
컨설팅, 자문 등에 대한 문의 ☎(02)482-6374.